ダイジェスト版

実録の邪馬台国

田畑 実
Minoru Tabata

文芸社

目次

プロローグ

「海中に絶して連なる女王の国」。
その国の名は「邪馬台国」、女王の名は「卑彌呼」

●あらすじ●

『魏志・倭人伝』によると、「邪馬台國」は、狗邪韓國から對海国、一大國、末盧國、伊都國、奴國、不彌國と辿り、水行二十日の投馬國を経て、水行十日陸行一月で着くというが、未だ比定されず、謎である。

はたして、「邪馬台國」は、どこにあったのだろうか。

その謎を解くためには、「鍵」が必要である。

著者は『倭人伝』を精査し、独自のキーワードとなる二つの「鍵」を発見した。

その二つの「鍵」とは、「地名」というタテの鍵と、漢字の音韻というヨコの「鍵」である。

そして、地名と漢字の音韻を解き明かしていくと、「邪馬台國」は、「沖縄の島」に比定されることが判った。

それだけではなく、女王「卑彌呼」に仕える高官四名の名前の音韻が、沖縄の地にある島の名と重なっていることが発見された。その四高官の名は、一支馬《イキマ》、彌馬升《ミマジョウ》、彌馬獲《ミマカ》支《シ》、奴佳鞮《ナカタイ》である。女王「卑彌呼」の都する島は、四高官が治める島の真ん中に在った。

タテとヨコの鍵によって、倭人伝の「邪馬台國」の記述と沖縄の地の島々が不思議に思えるほど、古代における、人名と地名が一致する。まさに、それは「人名・地名比定説」

といえるものである。さらに言うならば、奄美大島から沖縄本島の諸島群は、あたかも『魏志・倭人伝』に記載された人名と地名をもとに名付けられたのではないかと想われるほどである。

「魏志倭人伝」
● 邪馬台國への行程図

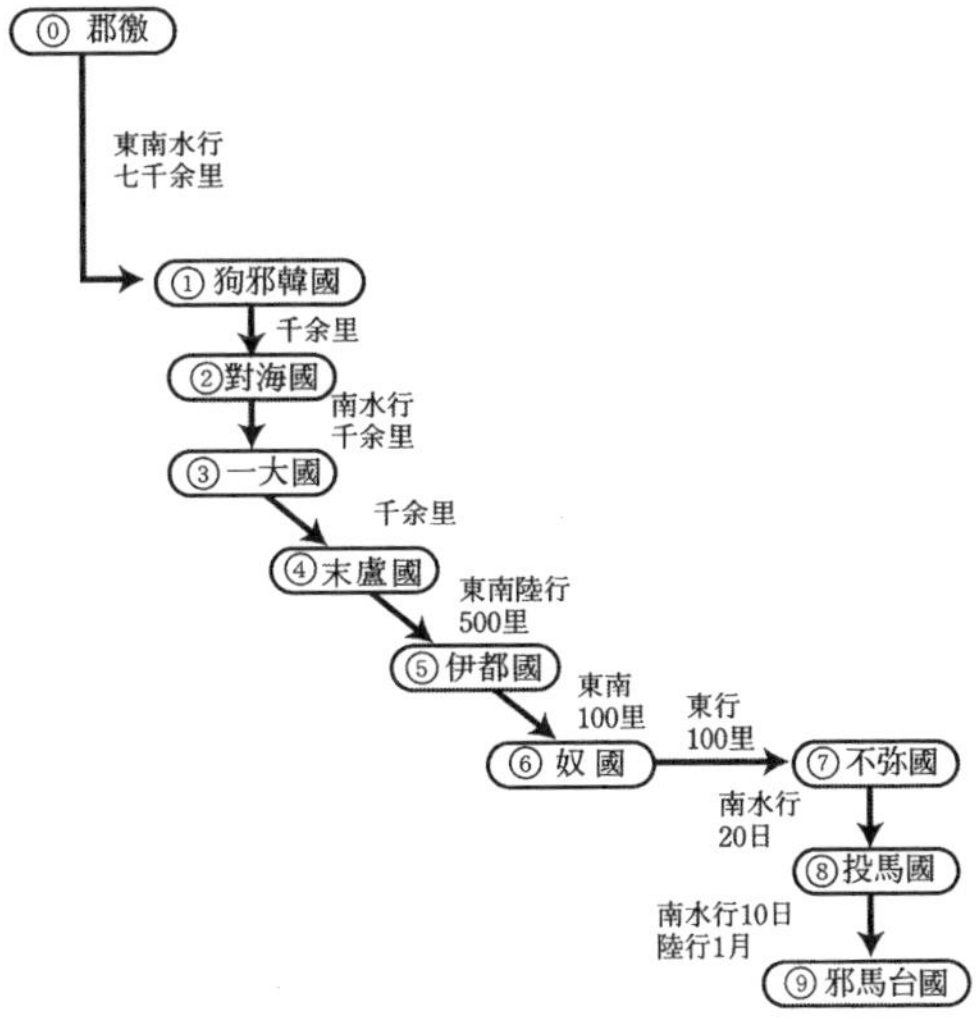

「邪馬台国」は沖縄に比定される

「邪馬台国」は、はたしてどこにあるのだろうか？

「九州説」「畿内説」などの論争が、江戸時代の儒学者、新井白石以来、延々と論争されてきた。近年（昭和50年当時）では、小説家の松本清張までが論争に加わり、「九州説」を支持し、また多くの著名な学者や専門家が参加し、喧々諤々、様々な証拠物と、『魏志・倭人伝』の解読を試みていた。

時間的余裕があったことで、興味本位で『魏志倭人伝』を読みはじめたところ、意外なことがおぼろげに感じられた。それは、「卑弥呼」の時代の古代と現代とでは、地名や人名の読み方と発音が違うのではないかという疑問であった。

そこで、倭人伝が表記する「郡より倭に至る」道程の追及がはじまった。

『魏志倭人伝』の解読にとりかかり、狗邪韓國から對馬國、一大國、末盧國、伊都國、奴國、そして不彌國までたどりつき、地名〝富士〟を確認した。そこは宮崎県の日南海岸である。その砂浜から「水行十日」行けば「投馬國」が在るはずだが、幸いに『南島風土記』によれば、奄美大島の古名は〝渡島〟あるいは〝遠島〟。その渡《ト》島、遠《トウ》島を指して中国側の用字として「投《トウ》馬《マ》國」と表記している風に見えるのである。

さらにその遠島より南下、「水行十日、陸行一月」行くと「ヤマタイ国」を発見することになるが、前の水行二十日に対する水行十日という比率の距離感からすれば、当然に沖縄本島が射程内に浮上してくる。その島の中部地区のどこかに埋没している千七百年前の痕跡、「ヤマタイ国」の遺跡を探りだそうと試みたのである。

古代琉球王朝の仕来りである「名島の制度」（主邑名を家名とする習慣）から推測して、三世紀の「ヤマタイ国」が存在していた時代も同じ制度があったと仮定してみれば、『倭人伝』が表記している倭國側の要人たちの名前と同じ地名が確認できるのではないか、と想像してみた。それが「地名・人名比定説」である。「ヤマタイ国」の女王の名前は「卑《ひ》彌《み》呼《こ》」だが、倭人伝を読んでみると、女王に仕える高官四名と、重臣等数名の人名が記録されている。

地名と人名が同じだからといっても、女王たちと同じ音韻の地名が、かならずしも現在も同じとはかぎらない。むしろ大方のものが変化した音韻の地名になっていると予測しておかなければならなかった。だが、自信はある！

キーワード

謎を解くには「鍵」がいる。倭人伝の解読の「鍵」は二つ。沖縄島が検討の対象になる頃はすでにその「鍵」の素原型を掌中に握っていた。その素原型は、私の子どもの頃の楽しい〃入道雲の想い出〃の中に在ったのである。それは、「時とともに変化する」ことである。そして、その答えとなる「鍵」が、『南島風土記』に、より完成された「鍵」として載っていた。その事例を提示し、説明していこう。

一、タテの「鍵」

地名はどのようなパターンで変化するのであろうか。沖縄本島の運天《うんてん》（港）の例だが、その古代名は〃コモキナ〃であった。その古代地名が運天にまで変化してきた過程を簡略に図式にして追ってみる。

この地名変遷の一般的なパターンが、「タテの鍵」である。

コモキナ
｜
雲慶那《コモキナ》
｜
雲慶那《クモキナ》
｜
雲慶那《クモケナ》
｜
雲見《クモケン》
｜
雲見《ウンケン》
｜
雲天《ウンテン》
｜
運天《ウンテン》

二、ヨコの「鍵」

漢字の音は時代により、あるいは地域によって異なっている。漢音、呉音、北京音、蘇州音、広東音、日本独自音、各種多様であり、ことさら面倒なのは、現時点では記録にも残らず消えてしまった音があるはずである。ある時代に用いられたかもしれない〝消えてしまった音韻〟を、漢字の構成原理（『大字典』の凡例・六書の法を参照）から再現してみる、それがヨコの鍵である。

さて、二つの「鍵」を用いて女王の名前「卑彌呼《ひみこ》」を解いてみることにする。

まず音韻だが、「卑」は漢音・呉音の〝ヒ〟、「呼」は日本訓《よ》みの〝アー〟と読む。そして「彌《み》」は、ヨコの鍵を用いると、弓は義を表し、爾は音を表しているとすれば、その〝見失われた音韻〟は彌《じ》と読むことができる。すなわち、女王の名前は「卑彌呼《ヒジア》」であったと仮定して、その可能性を追及してみたのである。

当て字である漢字を省いて音だけを見ると〝ヒジア〟であるが、いったいヒジアとは何であろうか――。本州に住んでいる者たちには、〝ヒジア〟という音韻から何も連想することができない。しかしヤマタイ国が存在していたはずの沖縄に行けば、その末裔である沖縄県人なら、すぐ気が付くのである。ヒジヤ…比謝《ヒジキ》、比謝《ヒジヤ》（橋）、比嘉《ヒジヤ》、庇謝《ヒジヤ》、火田《ヒジヤ》、これらはみな沖縄周辺で確認できる地名で、海岸に近い場所の地形の状態を呼んでいる音韻であり、その実体はサンゴ礁であった。

そして、火田《ヒジヤ》は奄美大島（遠島《とうマ》＝投馬《とうま》國）の地名なので、女王とは無関係であることは歴然だが、ヤマタイ国に仮定してみた沖縄本島の中部地区で、「卑彌呼《ヒジア》」から変遷したと思われる〝平安座《ヘンザ》〟を見つけてしまった！〝平安座島《ヘンザ》〟こそヤマタイ国の女王「卑彌呼《ヒジア》」

の島に違いないのである。その地名変遷をタテの「鍵」を用いて、推理、再現してみる。

（説明は本文でする）

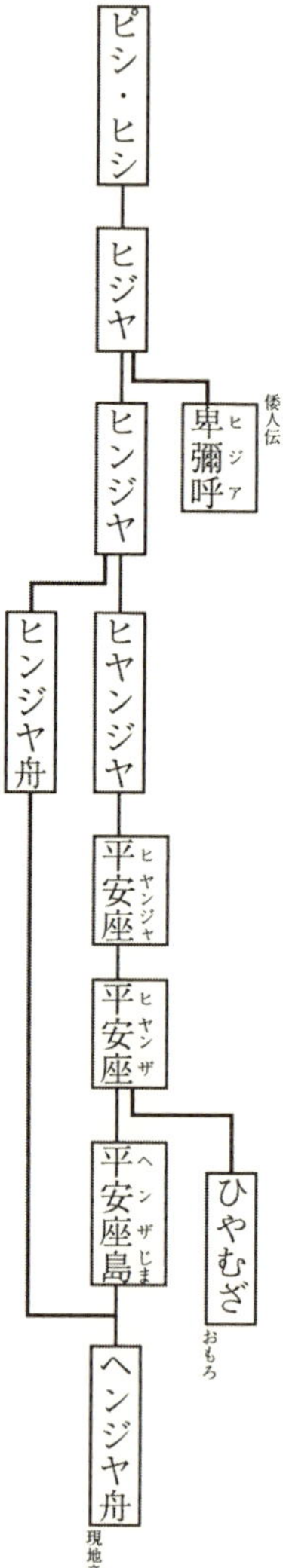

現地において、女王の〃「卑彌呼《ひみこ》」〃を護衛するかのように、北に二つ南に二つ計四個の島が配置されているが、それらの島名と、女王の仕える高官四名の名前の音韻が重なっていることに気がついた。例えば、一計島《いけいマ》と「一支馬《イキマ》」、宮城島《みやじょう》と「彌馬升《ミマジョウ》」、浜比嘉島《はまひかしま》と「彌馬獲支《ミマカシ》」、津堅島《つかたい》と「奴佳鞮《ナカタイ》」などである。また、倭國の極南界に在るという奴國の男王「帥升《スイジャウ》」の痕跡は中部地区南端に在った。沖縄県人なら誰でも知っている首里《しゅり》城の古代名〃首里城《すいじょう》〃である。更に重臣四名の名前から変遷したと思われる島名・地名は東シナ海に面した地域で確認されるが、それ等の状況や地名変遷などは本文で説明する。
「郡より倭に至る」道程を追及した結果いえるのだが、それはシルク・ロード〃極東東路〃とは別のコースだった。そして、この〃極東南路〃にかぎり、絹織物と同じ貿易交換物として特異なもの「生口《なまくち》」が中国に運ばれていったのである。「生口」は生きている人

間であるが、今も変わらない〝資源が無い国〟という状況下で起こっている人間流出である。人間「生口」の正体は、現代の頭脳流出と嘆かれているほど高尚な種族ではない。

だが、「生口」と呼称される者たちの名誉のために叫んでおこう！

「生口」とは、〝巨人族〟のことである。

その証明は後章で行うが、今はこの極東南路にかぎり、〝生口《ジャイアンツ》ロード〟と命名することにする。

生口《ジャイアンツ》ロードの終着駅は沖縄本島。そこにはヤマタイ国の女王「卑彌呼《ヒジア》の島」と、高官・重臣の島が確認できる。さらにその先に、女王国の「南四千餘里」に在るという「朱儒《しゅじゅ》國」は八重山群島の〝西表《いりおもて》島〟である可能性が強く、また東南の方向に在るという「裸《クワム》國」は〝グアム島〟を想わせ、東南の方向へ船行一年にして至ると表記している「黒歯《ヘイジ》國」は、〝フィジー〟諸島と音韻が似ているのである（後章で説明する）。

これ等、沖縄、グアム、フィジーの島々は太平洋戦争において最も過酷な状況下に在ったが、今より千七百年前にすでに中国側に知れわたり、倭人伝の中に同じ島が記録されている。この二つの事件は全く無関係のように見えながら、実はそれ等の島々の地理的条件が要因となって、必然的に起こっている現象だとすれば、宿命のようなものであるといえようか。

● 女王・「卑彌呼《ヒジア》の島」、現・「平安座島」

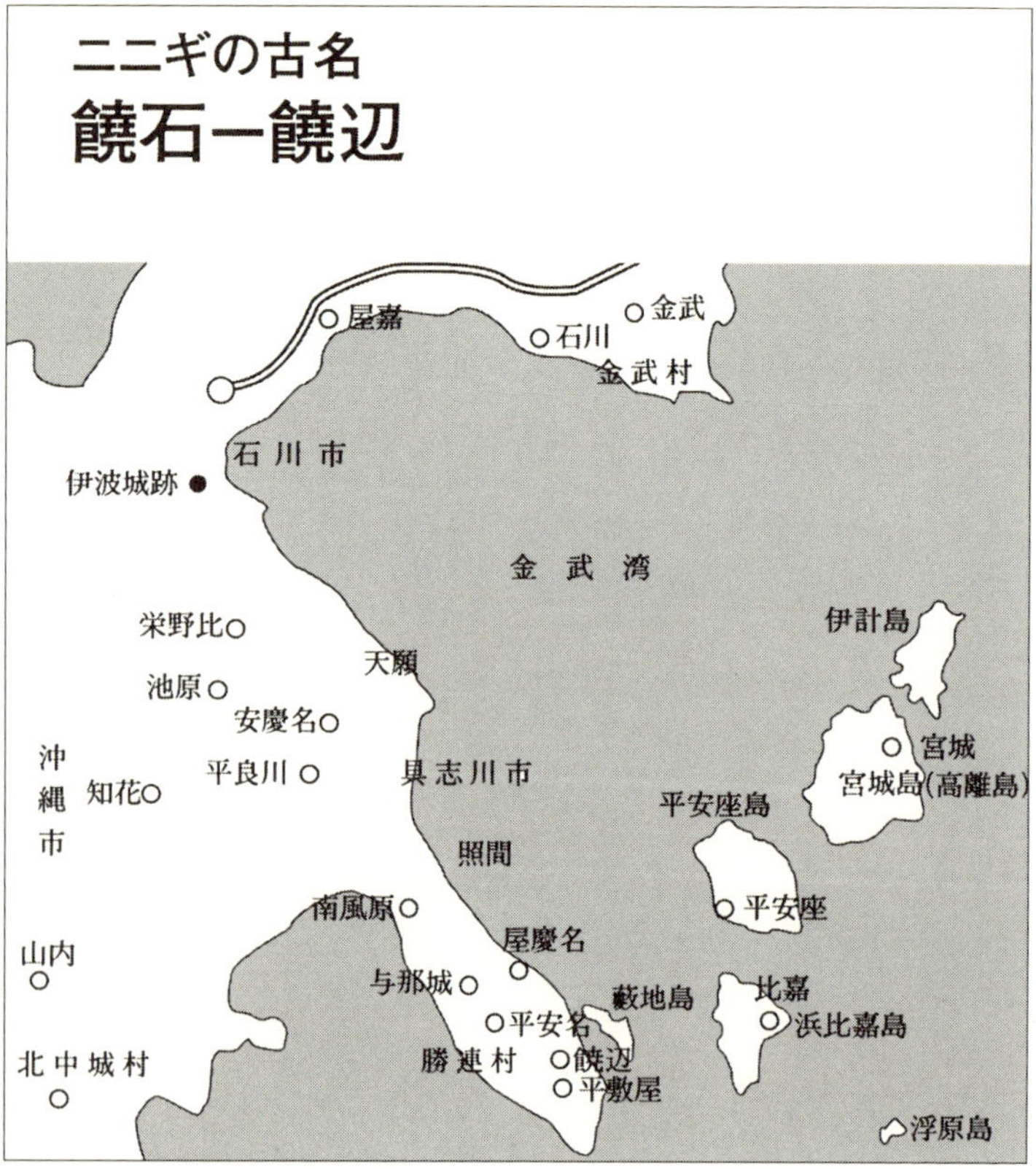

● 卑彌呼の高官四名とその島

この章でのポイント

・現在、「邪馬台國」がどこにあったのかについて、「九州説」「畿内説」「沖縄説」「四国説」など、多くの論争がある。これから本書で詳述していくが、「邪馬台國」は、沖縄の北部・中部に、東海岸の「平安座島」は、女王・卑彌呼の島として比定される。
・その紐解くキーワードは、「倭人伝」の記録を、タテとヨコの鍵とする、地名と中国の音韻の漢音・呉音などの変遷から比定していく。これによって、「卑弥呼」とは「卑彌呼《ヒジア》」であることが判った。
・また、日本の弥生時代の北九州や対馬・壱岐の遺跡からは漢式土器や中国製の銅鏡などが発掘されている。これは、交易により中国から朝鮮を経て伝わったとされているが、必ずしもそうではなく、中国からの渡来人である中国人が多く居住していたことも判った。
・『魏志・倭人伝』を読むと、「對馬國」から「一大國」を通り、「末盧國」に至るには、「又度一海千餘里」とある。すなわち、キーワードによって、「一大國」は、五島列島に、「末盧國」は熊本県八代に、それぞれに比定され、さらに、『倭人伝』は、一大國、末盧國、伊都國、奴國を経て、富士という地名の確認から日南海岸の不彌國、投馬國を経て、女王・卑彌呼の「邪馬台國」は、沖縄本島・北部・中部地区に存在したことが判った。
・これらに加えて、後に触れるが、キーワードによって『魏志・倭人伝』に記された、「邪馬台國」への路程は、「ジャイアンツロード」という技能者の「生口」の人間流出ルートでもあった。さらに、女王・卑彌呼の「邪馬台國」から海を渡った東千餘里に、卑彌呼に統治されない倭種の國「狗奴國」があった。この國は、沖縄の大東島と比定される。

第1章

「邪馬台国」への道Ⅰ

狗邪韓國・對馬國から一大國を経て、末盧國へ

●あらすじ●

女王「卑彌呼」が支配した「邪馬台國」への道程は謎に満ち、我々を悩ませるが、それはロマンと神秘の扉を開けることでもある。

卑彌呼の時代の「對海國」が、現在の対馬であることは、「九州説」「畿内説」「沖縄説」ともに認めており、議論の余地がない。しかし、「對海國」から「一大國」へのルートと、「一大國」の比定では、各説が「百花繚乱」の様相となる。

というのは、『魏志・倭人伝』に記録された、「一大國」が、中国の他の史書・文献では「一支國」と表記され、倭人伝は誤記であるとされ、議論されているからである。また、倭人伝には、「瀚海《かんかい》」を南に一千餘里で至るとあり、一大國の比定は、女王卑彌呼の「邪馬台國」に至る路程で、最初の難問として立ちはだかるからである。

「九州説」は、「一大國」を現在の「壱岐」とし、「畿内説」なども同様である。

しかし、「沖縄説」を標榜する本書では、一大國を壱岐から五十キロメートル離れた五島列島にある「中通島」であると比定した。

なぜなら、倭人伝の「南へ一千餘里」という記録に一致し、かつ「一大國」から次に至る「末盧國」への距離がぴたりと一致するからである。

それは、「九州説」「畿内説」が「壱岐」を「一大國」とし、佐賀県唐津市を「末盧國」

とするが、倭人伝が記録する「一大國」は、対馬の「南・一千餘里」の処にあるとされ、さらに、「又一海を渡る千餘里、末盧國」に至る、とする距離と齟齬するからである。

本書の「沖縄説」では、末盧國は、「倭人伝」に記録された地形や古墳などから、熊本県「八代」に比定したが、この後詳述していく。

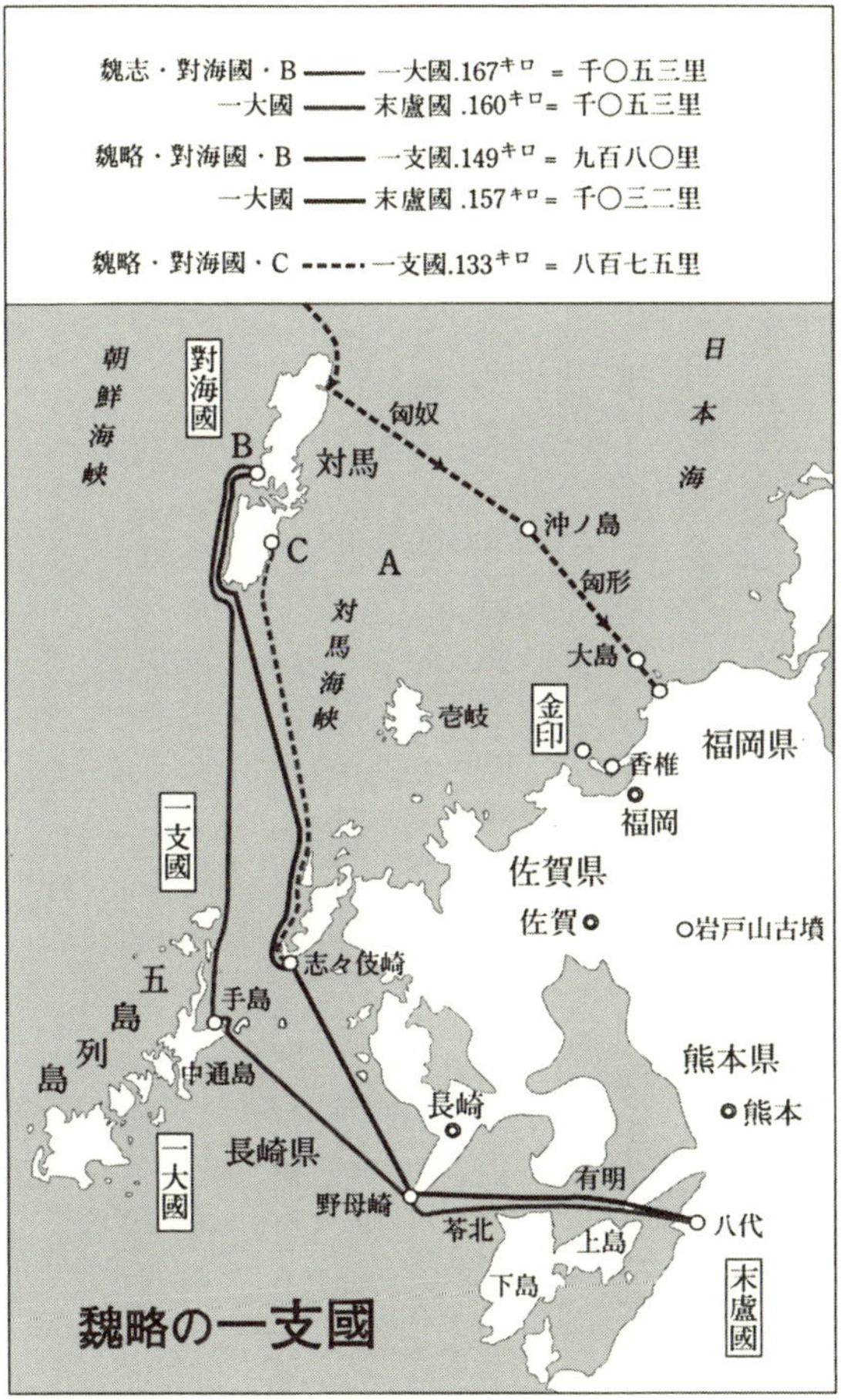

對海國＝對馬國と「瀚海《かんかい》」

『倭人伝』は前文にひきつづき對馬國に関する若干の状況を伝えながら次のように記す。

「其の大官を卑狗《ひこ》と曰い、副を卑奴母離《ひなもり》と曰う。居る所絶島、方四百餘里可《ばか》り、土地は山險《けわ》しく、深林多く、道路は禽鹿の徑の如し。千餘戸有り。良田無く、海物を食して自活し、船に乗りて南北に市糴す。又南一海を渡る千餘里、名を瀚海《かんかい》と曰う。一大國に至る。官を亦卑《ひ》狗《こ》と曰い、副を卑奴母離と曰う.方三百里可り。竹林・叢林多く、三千許《ばか》りの家有り。──」

朝鮮半島から手漕ぎの小舟で九州に渡るには中間地点に位置する対馬を経由するのは当然であるから倭人伝の「對馬國」（＝對海國。理由は後述）は同じ文字で呼んでいる現在の対馬《つしま》であることは改めて考えてみることもない。はじめて岩波文庫の『魏志倭人伝』を見ながらヤマタイ国の追及を始めたときは前項の郡より狗邪韓国までの状況が皆目分からないまま、対馬を基点にして検討を重ね、里数の実距離が分からなくても各々示されている里数の比率だけで十分に間に合って「一大國」を見つけながら不彌國の砂浜にたどり着いたのである。「一大國」はヤマタイ国の謎の要になっている部分であるが、その解説はごく単純な発想ではじまり、途中勘違いによる一大國を信じてしまった。信ずるとは恐ろしいもので、その間違った信念が追及のエネルギーとなったが、結果的に勘違いの一大國が真実の「一大國」であったという冷や汗の出るような経緯《いきさつ》があった。解読の経過説明の前に「對馬國」の状況を検討しておかなくてはならない。

まず、「對馬國」と一大國を検討するための地図を本屋で探した。対馬だけの地図はなく、その島は長崎県に属しているので長崎県の地図を買った。雪深い北陸に住んでいる山師等からみれば、対馬の地理的な位置は北九州の福岡県か佐賀県下に区分されているのが当然と想え、不思議な気がした。地図を広げてみると、対馬は勿論、福岡県や佐賀県にごく近い壱岐も平戸島も五島列島も皆長崎県下に区分されていて、その瞬間〝これは何かある！　変ではないか。この変則的な行政区分は対馬や壱岐は北九州と直接つながっていないことを示唆しているが、「一大國」を謎の深淵に追いやったのはこの状況が関連しているのではないか？〟と、単純で素朴な不思議さが脳裡を掠めて、腑に落ちない感情がいつまでも残ったのである。対馬や壱岐が長崎県に編入されたのは明治維新後であり、それ以前は各々独立した一国だったそうだ。現在では対馬から長崎までの直接の航路はなく、県庁所在地である長崎市に出向する場合、船で博多に上陸し、福岡県と佐賀県を通って長崎市に到着するという変則的なコースしかない。この不合理な行政区分がなされた事情の原因は何であったか分からないが、それと全く同じ原因が「一大國」を謎の深淵に引きずり込んでいるのではないかと予感した。

対馬と壱岐をとりまく海は波高いことで有名な玄界灘《げんかいなだ》であり、朝鮮半島―対馬間を朝鮮海峡、対馬―壱岐間を対馬海峡と呼んでいて、九州の南で分岐した黒潮の支流が対馬暖流の名で北上している。古名・玄界灘の「玄」は黒いという意味があるから黒潮を意識して用いられていることが分かり、その音韻ゲンカイは倭人伝の「瀚海」から変遷したと想像できるが、原《もと》の字である「瀚《かん》」には黒の意味はない。「瀚海《かんかい》」の意味は、北海の別名であると『大字典』に説明されており、中国人の発想による言葉だと考えられる。それで紀元二四〇年頃といえば弥生時代の後期であるが、魏國人やヤマタイ国人が對馬國から南下して一大國まで一海を渡った時すでにその海は「瀚海」という呼び名が一般化されて固有名詞になっていたのである。この状況をよく見詰めてみると、対馬海峡を北の海と呼べる人間は九州やその周辺の島々に住んでいる者たちであり、韓國からみれば南の海、中国からみれば東の海と呼ばれなければならないものである。

さらに「瀚海」の用語をする者は倭人とは考えられない。従来からの弥生倭人たちが北の海であることを表現しようとすれば純和風に北海《きたかい》・北海《ほっかい》・北海《いにしかい》・北海《こしのうみ》などといろいろ命名できたはずである。したがって「瀚海」の命名者は中国人であり、これ等の状況から北九州沿岸と周辺の島々にかなり大人数の中国人が居住していて海事に従事していたのではないかと判断できる。

北九州や対馬・壱岐の弥生遺跡から漢式土器や中国製の銅鏡などが発掘されて出土して

いるが、それ等の遺物は中国製であるから中国との交易により弥生時代の倭人が収得したと考えるのが普通である。しかし九州沿岸一円に中国人が居住していたのであれば、その具体的な状況を透視してみると〝弥生倭人が収得した〟という考え方を修正しなくてはならない。例えば、最初はそれ等の中国製品は交易ではなくても北九州あたりに移住してきた中国人自身が携帯してきた物品であり、次にその中国人の末裔と血縁者が欲しがって祖国の中国より入手し、その次に土着倭人の、主《おも》だった者が前者と累縁《るいえん》の者である証《あかし》として欲しがるようになって需要が増加したので、中国人の末裔を主力とした交易により土着倭人へいき渡っていったかもしれないのである。このように想像してみると、北九州と周辺の弥生時代初期の前期および中期の遺跡や墳墓から副葬品として出土する中国製品の所有者は、いわゆるその遺跡や古墳の主《ぬし》は、土着の純倭人ではなく、主として中国系倭人とその縁者である可能性が考えられることになる。

弥生文化の特徴は稲作農耕と青銅器などの使用であるが、その青銅器は中国で発達して朝鮮に伝わり、それから日本へ、朝鮮を経て伝播《でんぱ》したといわれている。だが漢代までに発達してきた中国製の銅鏡は朝鮮では受け入れられず日本へは異常なほど大量に入ってきている状況は朝鮮からの伝播ではなく中国から直接に日本へ入ってきている風に見え、ヤマタイ国の女王に直接中国から銅鏡百枚が贈られている事例もあって、北九州一円に中国人が居住しているとすれば尚更の感が強くなる。一体そのような中国人がいつ頃から北九州に住みつくようになったのであろうか。

同じ青銅器でも銅矛《どうほこ》や銅戈《どうか》の場合は中国製ではない朝鮮半島製のものが北九州に入ってきていると考古学で確認されているが、その青銅器の製作者と媒介者《ばいかいしゃ》は必ずしも朝鮮人という意味ではないのである。朝鮮半島の東南端に位置する慶州《けいしゅう》付近（金海平野の東に隣接する地域）を中心として作られた銅矛や銅戈は、銅剣とともに弥生時代の前期末から中期中葉にかけ、主として北九州の甕棺《かめかん》の副葬品として発見されており、その慶州付近という地域は三韓時代の辰韓の在った地である。その辰韓人は西側の馬韓人と言葉が違っていて、秦国（漢の前代の国・紀元前二四九～紀元前二〇六年）に敵対していた異民族の末裔であることを『魏志』韓国伝が伝えている。

『魏志』韓国伝

「辰韓は馬韓の東に在り。その耆老、伝世して自ら言う。古の亡人、秦の役を避けて、たまたま韓國に来る。馬韓その東の地割いて、これを与うと。城柵あり、その言語、馬韓と同じからず。」

万里の長城を築造して有名な秦の始皇帝が即位したのは紀元前二四七年であった。野望は激しく対外的には遠交近攻で、秦朝股肱《ここう》の武将たちが各地で勝利をおさめながら、まず紀元前二三〇年に韓（朝鮮半島の韓とは別）を滅ぼし、それから僅か一〇年間で、趙を滅ぼし（紀元前二二八）、魏を滅ぼし（紀元前二二五）、楚を滅ぼし（紀元前二二三）、燕を滅ぼし（紀元前二二二）、斉を滅ぼして中国統一の野望を完成したのは紀元前二二一年であった。この間の戦闘の厳《きび》しさもさる事ながら、敗者に対する処罰、処刑は残酷をきわめ、投降兵四〇万を坑埋《あなう》めにしたと伝えられている。そのあと、秦帝国に敵対するもっとも強力な北方の騎馬遊牧民族「匈奴《きょうど》」を討伐して万里の長城を築いたのは紀元前二一四年、それから四年後に始皇帝が死んでいる。時が経って四〇〇年後の『魏志』韓国伝の頃の辰韓（慶州付近）に「秦の役」を避けてきた、馬韓人と言葉が異なる、中国人でない者の末裔が住みついている。そして、『魏略』によれば、その辰韓などは〝千五百人の漢人を捕え髪をきって奴にしていた〟という反中国タカ派であることが分かっている状況もあるので、秦の役を避けてきた「古の亡人」とは匈奴ではないかと考えられる。もし匈奴なら戦乱を避けて慶州付近に入ってきた時期は紀元前二一六〜五年頃と判断できるが、北九州における弥生時代・前期中葉の頃である。

仮に、中国の北方にいた匈奴が始皇帝に追われて「細形銅矛」（慶州型）を携《たずさ》えて紀元前二一六〜五年頃慶州付近に入ってきて、それと全く同じ時間帯である弥生時代の前期中葉に北九州にも匈奴が「細形銅矛」（慶州型）を持ち込んで来たとする。それ等の亡命者は各地で五十〜六十年長生きして死んだとすれば、「細形銅矛」を副葬品にして墳墓に埋葬される時期は紀元前一六〇年～紀元前一五〇年、弥生時代の前期末である。この仮定では慶州付近の「細形銅矛」と同じ型の物が北九州の弥生時代の前期末の遺跡から出土しても朝鮮からの伝播とはいえず、中国の北方（匈奴）からの伝播だといわなければならない。また、北九州の「細形銅矛」が明らかに慶州付近で作られたことが確かな場合でも、その製作者は匈奴であり、媒介者もおそらく旬奴であるが、北九州でその銅矛を収得した弥生人は、はたして縄文時代から生きてきた従来の純倭人であったろうか……？　そうではない状況が遺跡の中で確認されている。

まず、弥生式土器は縄文土器から変遷してきたものではなく突如として北九州に発生しており、それらのことから縄文人とは別の、新しい文化を携えて渡来した一団の種族がいて、紀元前三世紀の初め頃から弥生文化がはじまったことが分かっている。その文化の最も古い遺跡である福岡市郊外の板付遺跡（前期の初頭）では、初段階から稲作と同時に鉄器が使用されていて、それから暫く時間が経って前期の中葉に青銅器の「細形銅矛」などが入ってきていることになる。その板付遺跡では遠賀《おんが》川式土器の最も古い時代のものが出土しているが、遠賀川式文化の末頃の遺跡（九州に近接した長門土井《どい》が浜＝山口県）では人骨が発見され、その人たちの背が非常に高く、縄文人はもちろん、弥生後期はじめの人骨ともかなり異なっているのである。

中国の北方にいた旬奴は単一民族ではないが、その支配民族の人たちは一・九〇メートルを上まわる堂々たる長身であったことが分かっており、朝鮮半島の慶州付近にも、『魏志』韓国伝によれば辰韓と雑居している弁韓人の中にも巨体を想わせるように「……その人形、みな大きく、衣服潔清にして長髪なり。……」と記されていた。

このように中国の北方と慶州付近、北九州の近接地、三つの地域の紀元前三世紀から紀元前二世紀にかけて各々《それぞれ》「一・九〇メートルの長身」の者と、「人形《ひとかた》みな大きい」者と、「背が非常に高い」者が住んでいて、どちらにも青銅器「細形銅矛」が関連して出土する状況から想像してみると、北九州に近接の者どももはやっぱり匈奴ではないかと想われるのである。もし匈奴なら、慶州付近で作られた「細形銅矛」を携えて北九州に上陸していると考えた方が妥当であり、その年代は慶州付近と同じ紀元前二一六～二一五年頃か、それから少し経った紀元前二〇〇年前後（弥生時代の前期中葉）だと限定されることになる。

しかし匈奴の言語は日本語や朝鮮語と同じ文法方式の古代アルタイ語だといわれているから、中国語の「瀚海」の命名者ではあり得ない。

それで、北九州に「細形銅矛」を持ちこんだのは秦の役を避けてきた匈奴かその末裔だとして、騎馬遊牧民族である彼等には、牛・馬・羊などの家畜を持ちこんで牧畜やそれに関連した仕事はできても、稲作はできない。とすると、弥生文化の最も古い板付遺跡へ稲作と鉄器を持ちこんで渡来した一団の民族は匈奴ではない別の民族だといえる。その遺跡では「背が非常に高い」人骨は発見されていない状況があり、すでに実用的な鉄器が使用されているから、利器としては性能が劣る青銅製の利器「細形銅矛」などは垂涎《すいぜん》して欲しがるものとも想えず、その頃の中国では鉄器実用化の時代である。これ等の状況から考えて、板付遺跡へ匈奴たちより一足遅れて稲作と鉄器を携えて渡来したのは中国人自身ではないか……。

紀元前後に中国人が北九州に渡来する機会を考えてみると二回ある。最初は匈奴が追われた後の時期で、次は漢の時代朝鮮半島の平壌付近で楽浪郡が新設された紀元前一〇八年から郡が消滅する三一三年までの約四〇〇年間であるが、楽浪郡には中国人が五万と居て北九州に渡来する機会は頻繁にあったと想像できる。ヤマタイ国人等の往来も民族が移動する要素となるが、どうしても多数の中国人が北九州に移動しなければならなかったという強制的な状況は文献上では感じとれない。

したがって少数の中国人の渡来は当然にあったはずだが、「瀚海」の名称が一般化されるにはかなり大量の中国人が北九州沿岸に居住していなければならないので、楽浪郡からの少数の移民者がその命名者だといっても説得力が弱い。それに比べ初回の状況は、秦の始皇帝に匈奴が追われた紀元前二一六～二一五年のすぐ後で十年間にわたって六朝の討伐があった、その戦闘で敗れた国々の者が残酷な始皇帝の懲罰を恐れての前の匈奴たちと同じように朝鮮半島に逃がれているのではないか。それ等の中国人が北九州にたどり着いたとして、その時期は、中国北部の北京あたりに在った燕が滅びた前二二二年、朝鮮半島の西側や黄海の対岸に位置する山東半島付近に在った斉が滅びた前二二一年、その頃である。

匈奴が「秦の役を避けて」慶州付近に追われてきた僅か五～六年後の紀元前二二二年～二二一年頃に同じ始皇帝の討伐から逃れて燕や斉の敗走者が大挙して、「稲作と鉄器」を携えながら朝鮮半島や果ては北九州までたどり着いた。それ等大量の中国人が北九州沿岸に住みつくようになって、北の海を「瀚海」と呼称して定着していったと考えられる。大方の者どもが海事に従事していて稲作とも関連して想像してみると、稲作には不適な寒い北京にあった燕よりも、それよりは南にあり周囲が海に囲まれている山東半島にいた斉の敗北者が主力である可能性が強く感じられるが、後日、遣随使や遣唐使が朝鮮半島から黄海を横断して山東半島に至るコースを逆に敗走していることになる。弥生文化の最も古い板付遺跡がそれら中国人たちのものなら、日本の弥生文化は紀元前二二二年から始まる、と時代の上限が限定されることにもなりかねない！

倭人伝の「瀚海」から想像を重ねてみるとこのような状況が再現される。約二千文字でつづられた倭人伝の中のたった二つの文字「瀚海」が今日の人間に語りかけようとしているほんとうの意味は、再現された古代史や考古学のような便宜的な知識だけでなく、人間の俗性が根源となって発生した諸々の事件や現象の過去の経緯《いきさつ》を説明しながら、未来への展望を示唆しているようである。―その未来にどのような状況が用意されているのやら、中国人も朝鮮人も日本人も「瀚海」の真意が理解できないとすれば暫くは過去と同じ未来を、過去と同じ殺戮《さつりく》を繰り返すことになる。そのうちに気付くのであろう、過去と未来を同じ時間の中に引きずり込んでいつまでも北上しつづける「瀚海」に流されまいと、人間の俗性を背負って対馬が必死に浮かんでいる．同じ気付くなら早めの方がいい、島がまだ見えているうちに。

その島は、東西一八キロ．南北八二キロで中央の浅茅《あそう》湾によって南北二つの島に分かれ両島あわせて面積七〇九・五四平方キロ、南北に細長い島である。行政的には北の島が上県《かみあがた》郡で上対馬町《かみつしまちょう》・上県町《かみあがたちょう》・峰町《みねちょう》があり、南の島が下県《しもあがた》郡で美津島町《みつしまちょう》・厳原町《いづはらまち》・豊玉町《とよたまちょう》の六町に区分されて、県の支庁は厳原に在る。厳原は行政・文化・教育の中心であるとともに対馬の表玄関の役割を果たしてきた。人口一八、二〇〇人。旧厳原町と佐須《さず》村・久田《くた》村・豆酘《つつ》村の一町三村が合併してなったもので、中心は厳原港のある旧厳原町である。隣接している美津島町は浅茅湾沿岸を町域として人口九、四〇〇人。古くから大陸と九州を結ぶ海上交通の要所として開かれた所で、厳原港とともに朝鮮貿易の拠点であった。大化の改新（六四五年）の頃、国府・国分寺は厳原町に置かれたことが明らかで、それ以前は上県と下県に二分されていたらしい。島名の対馬は古くは津島と書かれていたが後で倭人伝の「対馬」の字がつかわれて一般化したものだといわれている。島域の九割が山地で耕地面積が少なく、河川は朝鮮海峡に面した西斜面に多くあって流域は農耕地帯であるが畑作が主である。

さて、ヤマタイ国連合三十カ国の中で国名が変わらなかったのは「對馬國」だけである。

その他の二十九カ国は一千七百年の風化の中ですべて文字も音韻も変化しているが何故「対馬」だけが変わらなかったのか不思議な気がしていたが、やっぱり変遷を繰り返しているのである。簡単にいえば、倭人伝の「対馬」から『隋書』の「都斯麻《ツシマ》」、それから古くは「津島」を暦《へ》て現在の「対馬《つしま》」に変わってきていることが分かる。それで倭人伝の「対馬」の音はツシマではない。対の漢音はタイ、呉音はツ井、北京音はドゥイであるから呉音で読んでみると「對馬國《ツ井マ》」と読めるが、倭人伝の二四〇年頃はツ井・マであり『隋書』の六〇〇年頃はツ・シマであるからその間三百六十年の中でツ井・マからツシマに音韻が変わる若干の変遷があったのではないかと想像できる。

　厳原に国府が置かれた六四五年頃の島名は『隋書』により都斯麻《ツシマ》であるが、その前の時代には県主が置かれていたらしく上県《かみあがた》（郡）・下県《しもあがた》（郡）の地名としてその痕跡を残していて、古くは上県《かむつあがた》・下県《しもつあがた》と読んでいた。北九州などに国造や県主《あがたぬし》が置かれた時期ははっきり分かっていないが大体古墳時代の五世紀から六世紀頃だといわれている。その古い読み方、上《かむつ》県《あがた》・下県《しもつあがた》をよくみつめてみると、県《あがた》は行政区分の単位で上と下は区分するために仮借された比較語であるとすれば上《かむ》ツ県《あがた》・下《しも》ツ県《あがた》と読んでいると解釈できる。ツは助詞（格助詞）で上代（奈良時代）に使われた「……の」という意味の語であるから「上の県・下の県」という意味であると考えて間違いない。だが、助詞ツは古典文法とはいえ奈良時代・七〇〇年代の用法であり、それから二〇〇〜三〇〇年さかのぼる異質な古墳文化の中で設置された「上《かむ》ツ県《あがた》」も奈良文法と同じだとは必ずしもいえないではないか。例えば、そのツは助詞ではなく島の固有名詞（島名）である対馬《ツシマ》の対《ツ》、都斯麻《ツしま》の都《ツ》、津島の津《ツ》などの用法であったとしたら、上県の源《もと》の意味は、上対県・上都《かむツ》県《あがた》・上津《かむツ》県《あがた》の意味で読んでいたと考えることができる。この用法であると、隋の六〇〇年頃より少し前である県主の時代の島名は、やはり「ツシ馬」か「ツ馬（馬《マ》は沖縄古代語で島のこと）であったと判断してもいい。—だから現在の上県の〝ツ〟は助詞でないということではない。源《もと》は上対県であったが、後日〝対〟の意味が分からなくなって、同じ音である助詞〝ツ〟に置きかえられたものか、あるいは奈良文法の助詞〝ツ〟は、源固有名詞であったものが日常的に用いられる過程の中で助詞に変化してしまったのではないか、という意味である。多分、奈良文法の古事記・日本書記・万葉集・風土記などの中で、助詞〝ツ〟と解釈されている文字の中に、名詞が誤解されているものがあるのではないか、と予測できる。—この島の県主時代以前の文字や状況は分からないが、倭人伝の「対馬《ツ井マ》」から現在の〝対馬《つしま》〟までの地名変遷の過程を、簡単に推測してみると、次の図になる。

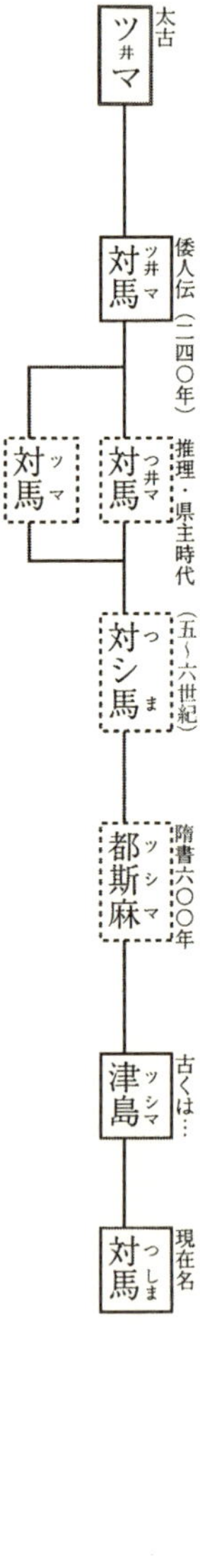

この変遷過程だと、現在の島名〝対馬《つしま》〟は千七百年の間に数回文字を変えて、結局は文字だけ倭人伝の「対馬」を借りて、音は「対馬《ツ井マ》」ではなく、県主時代の「対《ツ》シ馬《マ》」を踏襲していると判断し、それらしき説明をこの原稿で一度は書いてみたのである。ところが後日、岩波文庫・旧版（昭五〇年）の原文「對馬」は、著者が勝手に訂正した文字で、本来の原文は「對海國」だというのである。喜・怒・哀・楽、四文字のどれを選んで表現すればいいものやら……。とにかく早速変遷図を作り直して、変遷過程の説明もやり直してみる。

「海」の音はカイ・ハイで、訓はウミ・ミ・アマ・ワタなどである。

原文「對海」を北京音で読むと〝対海《トウイカイ》〟だが、「海」だけを日本訓《よ》みにしてみると、〝対海《トウイミ》〟あるいは〝対海《トウイウミ》〟と訓《よ》める。また呉音で読むと〝対海《ツイミ》〟であるが、前者の北京音と日本訓の混合方式的な読み方〝対海《トウイミ》〟が、M・L《ミッシング・リンク》〝渡海《トウミ》國―渡海《ワタミ》〟と変遷し（M・L＝地名変遷における〝見失われた文字〟については後に説明）、別に呉音系の〝対海〟から分岐して変遷してきた〝都海《ツミ》―都美《ツミ》〟の地名が有り、この二種類の地名を続けて読むと、〝都海《ワタミ》・都美《ツミ》〟となるが、その音韻〝ワタミツミ〟の中の美《ミ》と同音の海《ミ》が省略されて、〝ワタツミ〟（渡都美《ワツミ》）に転訛しており、音韻〝ワタツミ〟の用字に、和多都美《ワタツミ》神社・綿津美《ワタツミ》命・海神《ワタツミ》の宮などが採用された、と考えられる。〝渡海《ワタツミ》〟と〝都美《ツミ》〟を続けて読むという意味は多分、旧名と新地名を重ねて表現する場合――例えば、越中《エッチュウ》・富山《トヤマ》のマンキンタン、蝦夷地《エゾ》・北海道《ホッカイドウ》ロマンの旅、琉球《りゅうきゅう》国・沖縄にメンソーレなどと、隣接する二地区が合流した場合――例えば、合志村と旭野村が合併して旭志《きょくし》村（熊本県）、六嘉村と大島村で嘉島町（熊本県）、大行事村と今任原村で大任《おおとう》町（福岡県）、大溝村と木佐木村で大木町（福岡県）などが考えられ、〝対馬〟は元々二つの島から成り立っている地理的条件もあり、後者の合併による呼称の地名だと想われる。さらに、呉音系の〝対海《ツ井ミ》〟から分岐した他の系統のものがＭ・Ｌ〝対水《ツ井ミ》〟の用字を暦《へ》て、隋書の〝都斯麻《ツシマ》〟、古い〝津島〟、旧国名の〝対州《タイシュウ》〟、特産の〝対州馬《タイしゅうま》〟、現地名の〝豆酘《つつ》〟、そして現在の島名〝対馬〟までに変遷してきたと考えられるのである。したがって〝対馬〟の用字は、これ等諸々の文字の中では最も新しい年代の造作だといえる。なお現地名美津島町は〝都美《ツミ》〟村と〝津島〟村の合併によって、同じツ音の重なる〝都《ツ》〟を省いた〝美津島《ミツシマ》〟町だと想われ、また美津島町域に〝遠見《トオミ》〟岳の文字があり、北京音系の〝対海《トウミ》〟あるいはＭ・Ｌ〝渡海《トウミ》〟から直接の変遷を想わせ、その文字〝遠見《トオミ》〟は、原文「對海《トゥイミ》」の意義内容《イデオロギー》を示唆している気配がする。

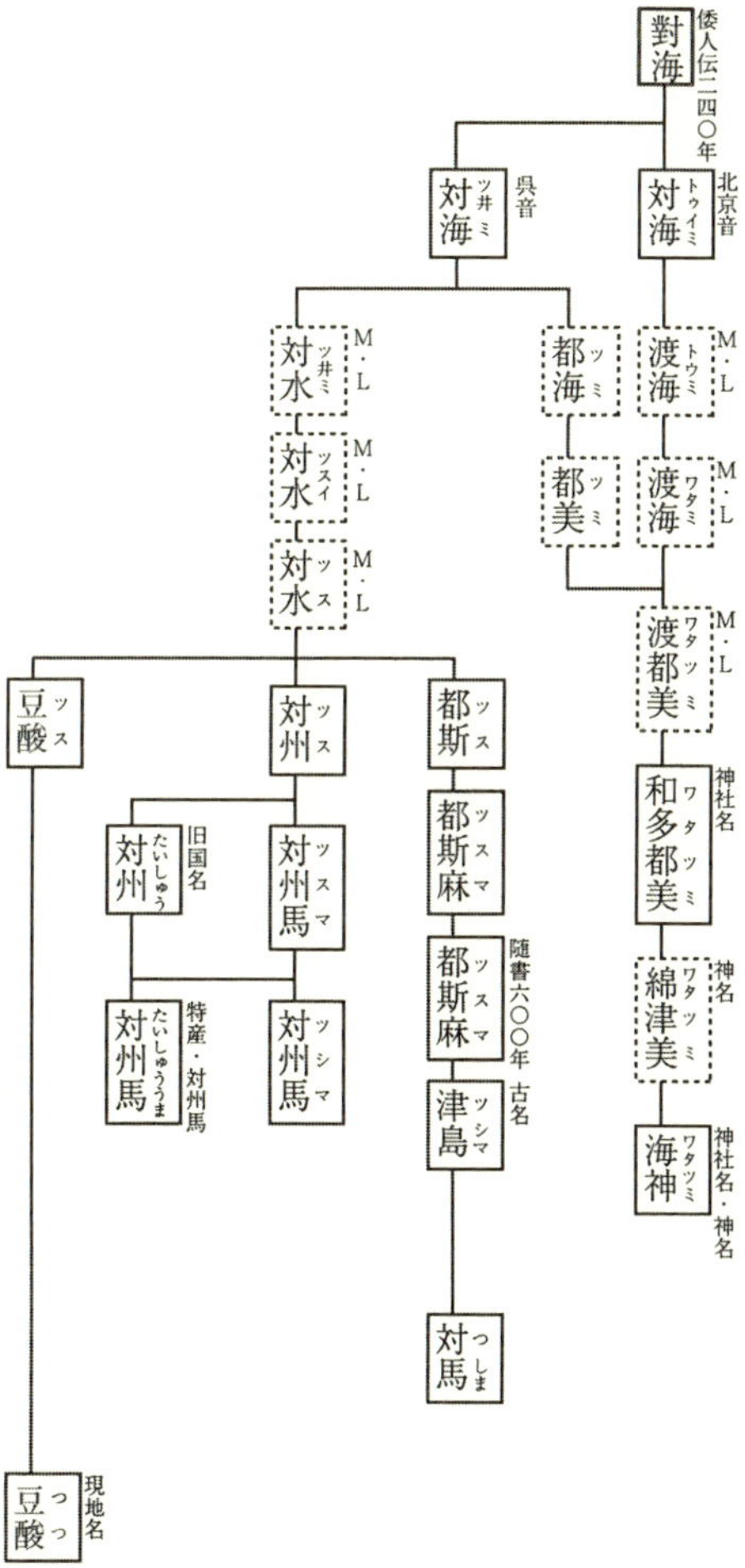

＊M・L＝地名変遷におけるミッシングリンク
……詳細は〈第２章〉項で説明
＊「対州」＝対馬の旧国名・「対州馬」＝対馬特産の野生馬

原文「對海」の意義内容であるが、漢字「対」の意味は、〝ナラブ・フタツ・ツレアヒ・アヒテ・ソロヒ・ムカフ・コタフ・アタル〟等である。もし原文が〝対馬〟だったら、その意味は〝対《フタツ》の馬《シマ》〟あるいはナラプ〝対《ナラブ》・馬《シマ》〟だと解釈できて簡単だが、原文「對海」

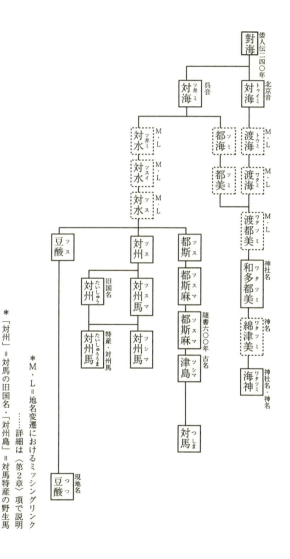

では……？〝海に対《ナラブ》〟島、あるいは〝海に対《フタツ》〟の島、と解釈できるが、前者と比べて説得力に欠けて見劣りがする。それで、北京音「対海《トウイミ》」と同じ音韻である現在の地名〝遠見《トウミ》〟の文字で気がつくのだが、八世紀に編纂の記・紀・風土記などにより、北九州地帯に〝石見国・湯見国・夜見国・希見国〟があったことが分かっている。これ等、語尾に〝見〟の文字と音をもつ国々の存在は、〝対馬〟の古名は〝遠見国〟だったのではないかという可能性を示唆することになる。例えば、八世紀の大和系の発想では〝遠見国〟で、その意味は、九州沿岸から海をへだてて〝遠くに見える〟島である、と仮定してみることができる。ところで原文「對海」の用字は、三世紀の大和系の者ではなく、北九州沿岸に住み着いている「瀚海《かんかい》」の命名者、中国系倭人である可能性が考えられる。その者なら、弥生系倭人が〝遠くに見える〟を意味する日本語の〝トウミ〟と呼んでいる島に対し、本来の意味を知らないで、〝トウミ〟の当て字の造作にあたり、その島のイメージに合った妥当な文字、海の中に在る対《フタツ》の島を意味する「対海《トウミ》」を採用した、と考えてみることができる。

なお、『隋書』の〝都斯麻《ツシマ》〟は全く音だけの仮借で中国人らしくない当て字である。だが中国人が書いた『隋書』の中に表記されている文字であっても、その頃は遣隋使をはじめ官・民あわせて多くの倭人の往来があった時期だから、表意文字「漢字」に慣れていない弥生系倭人・大和系倭人等の発想による当て字を、そのまま『隋書』に転記して踏襲している、と考えることができる。このように原文「對海」から現在の〝対馬〟までの変遷図を描いて分かったのだが、訂正前の変遷過程では、諸々の地名・神社名・旧古国名などを介入させてみる発想が浮上せず、仮に着想されたとしても、前の変遷過程に繰り込める可能性はない。それ故に、原文が「對海」であったことが幸であった。

一大國と「金印」

はじめて岩波文庫の『魏志倭人伝』を見たときの即席の老練な刑事の意気込みもどこへやら郡も狗邪韓國も放棄してしまって当然のように、国々の里数と比率だけで「一大國」の追及がはじまっていった。気楽な気分でやりはじめたが北九州に上陸することだけは最初から警戒したのである。北九州には「金印」が出土していて、その金印とヤマタイ国に関連して鼻もちならない支離滅裂の理論がクモの巣のように絡んで北九州に纏《まと》わりついているのである。

黄金の輝きがどんなに魅惑的であってもそこに踏みこめば出口のない迷路になっていて再び帰ってこれないかもしれない。〝ミイラ取りがミイラになる〟のは真っ平だとミイラ取りは誰でもそう思っているのだが……。とにかく、倭人伝の文面を正確に読みとり一大國を追及する心よりも、ややもすると混乱の坩堝《るつぼ》の中に引きずりこまれそうになる黄金の魔力からの逃避に精神エネルギーの大部分が消耗されて思うように思考が作動しない。初期段階の心理配分はそのように魔力からの防衛が主となり、残された〝自由な発想〟ができる僅かばかりの精神エネルギーを徐々に、魔力をふり切るようにして「一大國」追及へと進めていったのである。それでも目的は風刺であるから気楽であった。ヤマタイ国なんか見つかるわけがない、馬鹿馬鹿しい――。私の住む北陸には雪が降るから退屈なだけなんだ。

　放棄してしまった狗邪韓國は朝鮮半島の南端に在る国だと考えられるから、半島の最南端の釜山から対馬の最北端までの五〇～六〇キロ、これが実数の分からない「一千餘里」の最小値である。それで対馬の南・一千餘里の処に一大國が在るはずだが、この最小値の範囲に在る島は〝壱岐〟である。しかし「一千餘里」とは最小値とはかぎらない。もし朝鮮半島の釜山あたりから南下して対馬の最南端に上陸してそこまでを「一千餘里」と表現しているとすれば、その最大値は一三〇キロにもなる。したがって実数の分からない「一千餘里」とは最小値五〇キロ、最大値一三〇キロの範囲にあると思われた。地図上でコンパスの支点を対馬南端に置き指針を釜山に合わせて最大値をとり、ぐるりと一八〇度コンパスを回転させてみると、対馬の真南の方向に、五島列島の一番北に在る島を指針が指すのである。同じ真南の方向でも距離は少しだけ近くなるが平戸島があり、そして東南の方向になるが最小値の五〇キロ地点に〝壱岐〟が在る。すなわち対馬の南に在って、実数の不明である「一千餘里」の範囲にある島は、壱岐、平戸島、五島列島の三つの島とそれに付属した島々であるが、それ等の中に「一大國」が隠されているのであろう。三つの島を「一大國」と絡みあわせて、大きさ、形、位置、島名などを地図上で確認しながら、じっと地図を見つめていると、コンパスの指針が指した五島列島の一番北側に在る島〝中通《なかどおり》島《しま》〟の島名に何か特別な事情がありそうに見えてきた。朝鮮半島から九州に渡るには、飛び石的な位置に在る対馬を中継地点として利用すれば便利であるが、それと同じように〝中通島〟という島名の文字が中継地点であることを示唆しているふうに見えてくるのである。倭人伝は一大國に関する若干の状況を伝えながら前項にひきつづき、

「又一海を渡る千餘里、末盧國に至る」

と説明しており、それら前後の文面から「末盧國」とは九州本島の海岸に面した国であることが判るのであるが、對海國から九州本島の末盧国へ行くには「一大國」を中継地点として利用していると考えてみると、中継を意味する中通（島）という文字は「一大國」の役割をそのまま図で表現した呼称であると考えてみることができる。言葉を替えれば、〝中通島〟は「一大國」の俗称あるいは別名なのかもしれない？　試しに、コンパスの支点を中通島に置いて最大値のまま回転させ、九州本島と交わる地点を確認してみると、指針は肥後の国（熊本県）の中ほどに海に突き出た宇土半島の先端を指している。半島の北側は有明《ありあけ》海で南は八代海、両海を分断した地形であるが、そのどちらかの海に面して「末盧國」が在るはずだと両海の沿岸地帯の地名を調べていったら……在ったっ！　八代海に

面して宇土半島の先端から二〇キロ地点に「末盧國」と同じ音韻の地名がある！　手応えは十分だ。何はともあれ〝中通島〟を追及、検討してみることにした。

「鍵」の素型とマージャン用語

「一大國」は普通一大國《いちだいこく》と読んでいるが、倭人伝の著者・陳寿《チンジュ》は中国音で記録していると考えられるから、現地に「一大國」の痕跡が残っているとすれば、中国音で残っている可能性が大である。それも千七百年前の中国音はかなり変化していて、更に変化してきた音韻に合わせて用いられる当て字の〝文字〟も「一大國」とはほど遠く異なった文字に置き替えられているのではないか。とすると、それをどうして探り出せばいいのやら、揮沌として摑みどころがない。それに突如として北九州で出土した「金印」が妖しく輝きはじめ、〝壱岐〟あたりから潮笑のような海鳴りに混じって支離滅裂の理論が魔性の法衣を纏って囁《ささや》きかけて、自信のない即席刑事の南下を惑わせ行き先を阻もうとするのである。

地図上の想定であるが、その妖光《ようこう》と魔性の海鳴りに背を向けて瀚海の荒波に翻弄されている小船の中に独りの男、どうしてこうなったのか。自業自得とはいいながら世の中は〝平和と繁栄〟に満ち満ちているのに。やがて疲れ果て思考もぼんやりとなり、思い出したように小船の中から首をもち上げて空を仰いだら白い雲が一つポッカリと浮かんでいた。

懐かしいなあー、それから子供の頃の想い出を探りだしていった。いつも遊んだ海水浴場、そこには入道雲が待ちかまえていて子供達が来ると腕を伸ばしたり縮めたり顔だけを大きくふくらませて一生懸命に威厳を保とうとしている風だが、モクモクとしたスタイルが面白くて子供たちは少しも怖がらない。親父に聞いたら昔からあのスタイルなんだよ、お爺さんも古からあの演出だけだと話していたから少しも進歩していないんだよなあー．でも懐かしいじゃないか格好は凄いけどお人好しで、アハハハハー何だか俺と似ているわい、と苦笑いをしていたっけー。

そこは北陸、能登半島の内海、富山湾に面した街でヒミ海岸と呼んでいる。現在は、〝氷見〟の文字であるが、万葉時代は〝比美〟であった。氷見地名は鎌倉時代に既に用いられているが、氷見の前は火見であったという記録が保存されている。そして伝承であるが、火見の語源は蝦夷に備え海浜に烽火《のろし》を置いたので〝火見〟の地名が出来て、さらに「祝融《シュクユウ》の災しばしばあるを恐れ、火《ひ》を氷の文字に移し替えた」、という伝承である。その氷見海岸に連なり湾内の奥まった処の砂浜地帯、そこも入道雲たちが出没する海水浴場。アマハラシという地名に〝雨晴〟という当て字が用いられ、源義経が北陸路を経て奥州下りの際、にわか雨を避けて海岸の大岩の洞穴で雨宿りをしたので〝雨晴〟だというのである。雨晴海岸の背後は万葉の里で有名な二上山《ふたがみ》が在って歌人・大伴家持が住んでいたことがある。

その二上山の連山に〝石動山〟があり、そのあたりを現在は石動《いするぎ》と呼んでいるが、語源は多分アイヌ語系のイスユルギまたはイシユルギで、その当て字に伊須流岐《イスルギ》が用いられ、鎌倉時代、すでに〝石動〟の文字が用いられている。ここでも例にもれず伝承があり〝万物の生命を司る星が三個に割れて流れ落ち、その一つが山頂に落下して全山が動《ユレ》たので「石動山」と名付けた〟という実《まこと》しやかな伝説があって、石動山にかぎり石動《せきどう》（山）と呼んでいる。勉強は大嫌いでいずれの海も山もよく遊んだところだが楽しい想い出ばかり。

その子供の頃の想い出の中に、このような地名変遷の記憶が少しだけ残っているではないか。白い入道雲が見まもる下で、ヒミ、アマハラシ、イスルギ、これ等古代から在った地名に最初に用いられた文字は、漢字の音だけを仮借した（比美《ヒミ》・日美《ヒミ》・伊須流岐《イスルギ》）当て字であり、次の段階は漢字本来の表意文字として用いた（火見《ひみ》・氷見《ヒミ》・雨晴《あまはらし》・石動《いするぎ》）形跡が感じとられ、後日その表意文字の意味から着想された語源につづいての尤もらしく説明された伝承として語られている。

おそらく地名の語源についての伝承や伝説などは創作だと想われるのだが、当て字に用いられている〝文字〟は事実である。それに信じがたい伝説とちがって、実際に地名が変わる現場に遭遇したことが想い出の中にあった。未だ若かった、ロマンに駆られて北海道の原野を漂泊《さすら》っていた頃札幌に居た。日本は高度成長の波にのって内地からどっと観光客が札幌に打ち寄せた昭和三十九年（一九六四）頃、若い観光客がツキサムは何処かと尋ねる…？ よく聞いてみると羊牧場の在るツキサップのことである。アイヌ語のツキサップという地名の当て字に「月寒《ツキサップ》」の文字が用いられているのだが、若い観光客は月寒《ツキサム》と読む。そのような事例が数多く頻発したので、当局の札幌市では「月寒」を正式に月寒《ツキサム》にしてはという話があった。後で調べて分かったが、月寒が正式の行政名として「月寒《ツキサム》」となったのは敗戦の前の年、月寒に駐屯していた軍隊が用いていた「月寒《つきさむ》」の呼称に合わせるように豊平区役所の議会において決定されていた。昭和十九年（一九四四）三月二十一日であるが、それから二十年経った三十九年（一九六四）頃は前に話したように一般住民は未だ月寒《ツキサップ》を踏襲してそれが正式だと想い込んでいて、打ち寄せる観光客の波に慌てて、新ためて「月寒《つきさむ》にしては？」と発想しているようである。それからさらに二十年以上経った今日現在（昭和六十二年十月六日）札幌の二〜三ヵ所に電話で問い合わせてみると、正式の〝月寒〟がすっかり定着しているのだが、それでも一般住民は〝月寒《ツキサップ》〟が正式ではないかと想い込んでいるのである。さすが区役所の公聴係や戸籍係は昭和十九年以来の経緯を知っていて、電話でその説明を聞いたのであるが、係が異なると特に若い所員は一般住民と同じ意識であった。地名が変わって四〇年以上経ってこの状態である。それも観光客がどっと押し寄せるという社会情勢の急変があってこうなのだから、正式の〝月寒《つきさむ》〟が一般住民の心情の中に蟠《わだかま》りなく根づくには一〇〇年かかり、それから地名・月寒の語源に纏《まつわ》る伝説が創作されてゆくのであろう。

モクモクとして滑稽な入道雲と遊んだ楽しい想い出の中の一コマであるが、これ等地名変遷の四つの事例が魏志倭人伝の『解読の鍵』だとは未だ気が付かなった。ただ妖光と海鳴りから逃げようと必死で、自信がなく不安で意識さえぼんやりしてくる小船の中から手を伸ばし、太古の時から北上し続けている瀚海の荒波に漂没《ひょうぼつ》されまいと藁をも摑む想いで、想い出の中を探りだしていたのである。

① ヒミ ― 比美《ヒミ》 ― 火見《ヒミ》 ― 氷見《ひみ》
② アマハラシ ― 雨晴《あまはらし》
③ イスルギ ― 伊須流岐《イスルギ》 ― 石動《いするぎ》 ― 石動《セキドウ》
④ ツキサップ ― 寒月《ツキサップ》 ― 月寒《つきさむ》

想い出の中の地名の変わり方を見ると、古代から文字は変わっているが音の変わらないもの、文字が変わっていないが音だけが変わったもの、用いられる当て字も表音文字として使用した場合と、表意文字として用いたもの、あるいは表音として用いられた文字を後日表意文字だと解釈したもの、その変遷の過程で伝説が創作される傾向があるなど、種々な変わり方があるが、地名が変わる要因に漢字が強く媒介していて、変化した地名の前後の地名には必ず同じ音韻が含まれているか、同じ漢字が用いられているか、どちらかであることが分かってきた。「一大國」も現地においてこのようなパターンで変化しているものであれば、同じ音韻を内在している地名か、同じ文字を含んで構成された地名になっている可能性が考えられるので、探り出す方法と手段が、わりと明確になってきた。ようーし中通島付近で探してみよう。それには「一大國」の中国音を検討することが先決であると、意識の方も幾分かすっきりしてきたようである。

その中国音だが、英語でさえディス・イズ・ア・ペン程度の語学力しかない奴に中国語ができるわけがなく、辞書でもあればいいがそんな物に縁もなし、書店で買ってくる気も更々ない。大体が〝ヤマタイ国の女王・ヒミコ〟だなんて雲を摑むような話だ。例の妖光と海鳴りに毒されている所為《せい》もあるが、真剣味とか真面目さが少々足らず、辞書を見るだけの気力が湧いてこないのである。お粗末な話だが〝辞書を買うほど高尚《こうしょう》な者なら、今頃大学教授でもやっているさ〟と独りでうそぶきながら、中学生時代に覚えたマージャン用語を想い出していた。それだって中国語なんだ。マージャンの数字音は一《イー》・二《アル》・三《サン》・四《スー》・五《ウー》・六《リュウ》・七《チイ》・八《パア》・九《チュウ》・十《シ》、であるから一の中国音は〝イー〟である。大は、上り役の大三元《だいさんげん》の〝大〟だから中国音はえーと…、忘れた。それでマージャンと一緒に覚えた中国語が一つだけあって、大変どうも有難う、という言葉の〝大多謝々《シェシェ》〟であるが、それが大《トー》多《タ》だったか大多《タート》だったか、何しろ三十年前のことだからはっきりしない。多の日本音は

〃タ〃であるから大は〃トー〃にちがいないと考え、大三元《トーサンワン》、大多謝々《トータシェシェ》、が正しいと簡単に判断して「一大國」を〃一大國《イートこく》〃と読んでみた、これが中国音である。それから「千餘里」の範疇に在る三つの島、壱岐・平戸島・五島列島、の島名と「一大國《イートこく》」の音と文字を対比させて考えてみると、一大《イトー》と壱岐《イキ》、二つの地名の韻音がどちらも〃イ〃で、文字の方も一と壱だから同じ文字だと考えていいから、古《もと》は一大（国）という地名だったが後日壱《イ》岐《キ》（島）に変わったのではないかと、その可能性を一応想像してみたのである。だが五島列島と「一大國《イートこく》」を対比させてみると、日本の数字音は一《イチ》・二《ニイ》・三《サン》・四《シー》・五《ゴ》・六《ロク》・七《シチ》・八《ハチ》・九《クー》・十《ジュ》、であるが前の中国音とよく似ている通り、この数字音は古代の中国語なのである。本来の日本音は一《ヒー》・二《フー》・三《ミー》・四《ヨー》・五《イー》・六《ムー》・七《ナナ》・八《ヤー》・九《ココ》・十《トオ》であるから、五島《ゴトウ》は、〃五島《イトー》〃と読めるので、〃一大《イトー》〃と全く同じ音韻の〃五《イ》島〃に変わり、後で〃五《ゴ》島〃に変遷しているのではないか、と考えてみることができる。仮にこの二つの変遷過程を比べて検討してみると、

イ・ト ― 一大《イトー》 ― ？ ― 壱岐《いき》
イ・ト ― 一大《イトー》 ― 五島《イトー》 ― 五島《ごとう》

前者の一《イ》から壱《イ》の変遷は分かるが、大《トー》から岐《キ》に変化した必然性や当然性みたいなものが

見えない。その分だけ説得力が弱まるのだが、後者の変わり方を見ると、入道雲の四つの事例の中の、

③ 伊須流岐《イスルギ》―石動《いするぎ》―石動《セキドウ》

の変遷パターンと酷似しているのである。これではないか！「一大國」というのは五島列島のことではないか！　と想うと筋肉が緊張して神経がピリピリと体が熱くなってくる。もしそうなら大変なことになると興奮してしまったが、それでも未だ半信半疑だった。気分が落ち着いてから、もしそうなら五島列島からさらに「千餘里」の処に「末盧國」が在るはずだと、前に話した八代海に面した地名を確認したのであるが、地図上にはその国からさらに東南の方向に古代の国道一号線・九州横断道路が高千穂峰まで続いているのが見え、倭人伝のその後に記録されている状況とそっくりの地形などが見えている。もう間違いない、「一大國」は五島列島なんだ！　ウーンむ……と唸ったまま言葉にならず、緊張感が極限に達して血液が逆流して上半身に昇る、顔面が紅潮して五体が小刻みに震えているようだ。いすに座っている下半身に重量感が無くなり、雲の上に居る感じ、はじめての体験だが不安感はない。極度の興奮状態であることを意識しながら、倭人伝〝解読の瞬間〟をじっくりと噛みしめて感情の静まるのを待つ。「一大國」の読み方や中国音を考えだしてから数時間しか経っていなかった。

本当に大変なことになってきた。「一大國」を解決するということは、倭人伝を解読するということと同意語である。倭人伝の〝解読の瞬間〟は、後にも先にも、一大國の解決の瞬間、その瞬間しかない。本当なのであろうか。興奮状態から覚《さ》めて地図を見ながら、ただ呆然としていた。ヤマタイ国までは未だ遠い。だが「一大國」さえ分かってしまえばヤマタイ国の発見は時間の問題であろう。こんな簡単なものであろうか、古代中国語で記録されている倭人伝をマージャン用語で解読していいものであろうか。その手助けをしたのは、たかが子供の頃の入道雲との想い出であった。こんな幼稚な発想や手段や学力で倭人伝を解読してしまうなんて少々巫山戯《ふざけ》すぎるってもんだ。北陸の冬の夜長の退屈まぎれに、口では世の中を風刺すると偉そうなことを言いながら、結局は面白半分、巫山戯半分ではないか。それにもし、仮に「一大國」の解読が成功しているとして、それを風刺という世の中を斜めから見る屈折した方法手段に用いるのは惜しい。今さら真面目そうな顔をするのは照れくさいが、もう少し、外見はそのままでいいから内面にある根性の方を少し謙虚にしてやってみてはどうか、という気にもなってきたのである。兎にも角にも、「一大國」は一大《イトー》―五島《イトー》―五島《ごとう》の変遷過程を想像してみることによって〝五島列島〟に間違いないと信じ込んでしまった。信じてしまえば北九州の「金印」が放つ妖光も、〝壱岐〟あたりの魔性の海鳴りも気にならなくなり、精神エネルギーの全部を五島列島に集中することが可能となった。その集中エネルギーが短時間に末盧國以下の国々を解読して日南海岸まで辿《たど》り着かせたのであるが、その直後がっかりするような状況が持ち上がって……、柄にもなく真面目そうな顔をしたのがよくなかった？

　うろ覚えのマージャン用語だけではちょっと不安もあり、もう少し真面目にやろうと書店で一番安い中国語辞典を買ってきた。何よりも「一大國」の中国音を調べてみると、信じ込んでしまっていた一大《イトー》ではなく〝一大《イター》〟だったのである。血の気がひくような想いでがっかりした。一体どうなるのだ、前の〝解読の瞬間〟の根底にある一大《イトー》―五島《イトー》―五島《ごとう》の変遷は誤りだから御破算にするとして、その変遷が想像できたればこそ信じられた〝五島列島〟が間違いだとなると、その後の国々も……、否、そんなはずはない。現に五島列島を経由してこそ八代海に面した「末盧國」や次の東南の方向に在る国々が解読されて発見できるのであるから、「一大國」はやっぱり〝五島列島〟が正しいと判断せざるを得ないのである。残念だが早とちりで誤った一大《テトー》を正しく〝一大《イター》〟に訂正してその変遷を考えればいいのだが、御破算になったものより説得力の弱い変遷過程が事前に予感されるので、嫌な思いをしながらその作業にとりかからねばならなかつた。

鍵③　イスルギ―伊須流岐《イスルギ》―石動《いするぎ》―石動《セキドウ》
誤ⓐ　イトー―一大《イトー》―五島《イトー》―五島《イトー》
誤ⓑ　イトー―一大《イトー》―？―壱岐《イキ》
訂Ⓐ　イター―一大《イター》―五島《イター》―五島《イトー》―五島《ゴトー》
訂Ⓑ　イター―一大《イター》―？―壱岐《イキ》

御破算にした誤ⓐは鍵③と酷似していたのでストレートに信じてしまったが、訂正Ⓐは無理にこじ付けたような感じがして、すぐに信ずる気にはなれない。事前に予測できた箇所であるが、はたして「島」を島《ター》と読めるのかどうか、また一大《イター》がどのような事情や経過があって一島《イター》になるのか、適切な説明ができないので自信がない。この時点で尤もらしく説明するとすれば〝倭人たちがイトーと呼んでいるのに中国人がイターに聞きとって「一大」と表記したものか、あるいは現地において〝イター〟と呼んでいるうちに音が訛《なま》って〝イトー〟と呼ぶようになっていったのであろう、としかいえないので、その程度に解釈して先に進んでいったのであるが、もし最初から正しく「一大《イター》」と読んでいた場合、はたしてその音韻から〝五島〟に気が付いたであろうか。またその変遷の訂正ⓐを考え、その程度の説明や解釈だと尤もだと納得できる部分もあるが、講釈師が見てきたような……部分もあって、はたして〝五島列島〟だと信ずる気になれたかどうか、それを考えると冷や汗が出る想いなのである。多分、すぐに気付かなかったかもしれないが少し時間さえかければやっぱり〝五島列島〟に気付いて解読しただろうと想って安心もするのだが、冷や汗ものにちがいない。それよりも残念なのは、あの時の感動〝解読の瞬間〟は誤ⓐの中で起こっている現象であるわだかまりから、実体もない空虚な感動だったのかと、それから十年以上も心の中にわだかまりとして残ってしまったのである。今、十年以上経って前の訂正された訂正Ⓐをさらに的確に修正できそうな気がしてきた。

大《ター》が島《トー》に変化する要因は「島」という漢字の読み方に原因がありそうだ。「島」の漢音・呉音はともに〝タウ〟で、北京音は〝ダァオ〟である（正しくはＤＡＯ＝ダァオ）。

紀元二五〇年頃、現地音❶イターという地名・国名が在って中国人は当て字に❷一大《イター》を用いているが、後日の倭人は❸一島《イタウ》を用いる。それから中国音の〝一〟の替わりに倭人訓みの〝五《イ》〟を採用して❹五島《イタウ》が創作された。新地名「五島」を漢音・呉音の〝五島《イタウ》〟と呼ぶ者、北京音で〝❺五島《イタァオ》〟と読む者、その二種類の音韻イタウとイターオが相まって❻五島《イトウ》という倭人風の音韻に転訛する可能性が想像できる。その五島《イトウ》を現代数字音「五《ゴ》」――それは古代・中国語なのであるが――と現代カナ使いを用いると❼五島《ゴトー》となる。

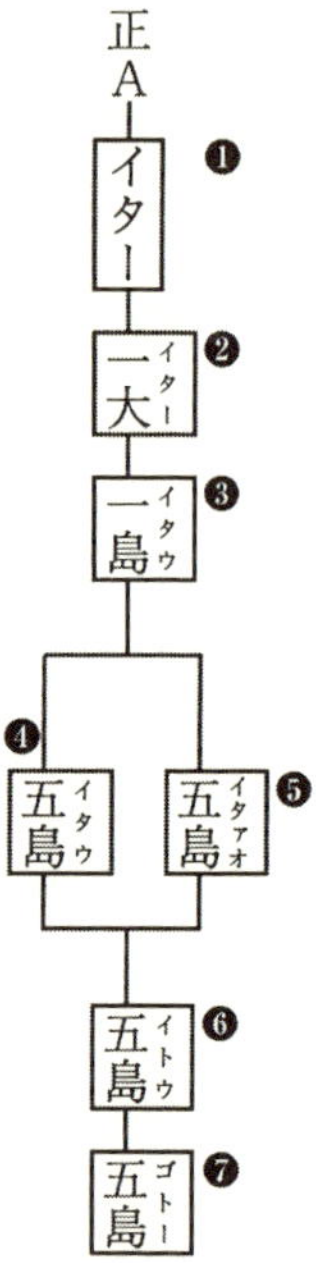

国域は、アシキタのクニと同じ

「一大國」である〝五島〟の中通島の有川を出港して、最短距離で「千〇五三里」の航海の果て、九州の西側海岸線の中ほどに位置する〝八代〟市街地に上陸する、そこが「末盧國」の表玄関である。倭人伝はその国の状況を次のように述べている。

原文「有四千餘戸濱山海居草木茂盛行不見前人好捕魚鰒水無深淺皆沈没取之東南陸行五百里到伊都國……」

古代中国語で書かれた「原文」は、中国人にも正確に読み取れない。漢字の羅列に慣れていない日本側では、日本的な句点、読点を付して読み下すのだが、その句読点の付し方いかんによって、読み方はさまざまとなる。ところで、「末盧國」の状況を述べた原文の日本側の句読点の付し方は誰彼《だれかれ》となく皆一様で、読み下し文も大きな変わりはなく、大体次のように読んで解釈されている。

「有四千餘戸、濱山海居。草木茂盛、行不見前人。好捕魚鰒、水無深淺、皆沈没取之。東南陸行五百里、到伊都國……」

（四千余戸有り、山海に濱《そ》うて居《お》る。草木茂盛《もせい》し、行くに前人《ぜんにん》を見ず。好く魚鰒《ぎょふく》を捕え、水の深淺無く、皆沈没して之を取る。東南に陸行すること五百里にして、伊都国に到る。……）

九州全島を地図で見ると、島の真ん中を北から南へ英彦山、久住山、祖母山、国見岳、霧島山などを主峰とする九州山系によって縦断されて、島を東西に二分しているが、この東西の分断とは別に、〝九州山地〟と呼んでいる山並みが、九州の北東部の豊後《ぶんご》水道の海岸から南西方向に走り、八代海沿岸に達する長さ一六〇キロの山地によって、島を南北に二分して、いわゆる北九州と南九州に分割している。その〝九州山地〟の最南西端が八代海に落ちこんだ地帯、すなわち八代市の南部地区から海岸沿いに日名久《ひなく》、二見《ふたみ》、田浦、芦北、津奈木、水俣までの海岸線は、出入りの変化に富んだリアス式海岸だが、特に八代の南部地区から田浦までの海岸線は、山腹斜面が直接海に迫って平坦地に乏しい地形になっている。その地形の状態が、倭人伝が曰う〝四千余戸〟＝約二万～三万人の者が「濱山海居（山海に濱うて居る）」という表現や条件に合致した地帯だと、まず判断できる。なによりも八代市の概況を郷土資料事典などから抜粋して要約してみる。

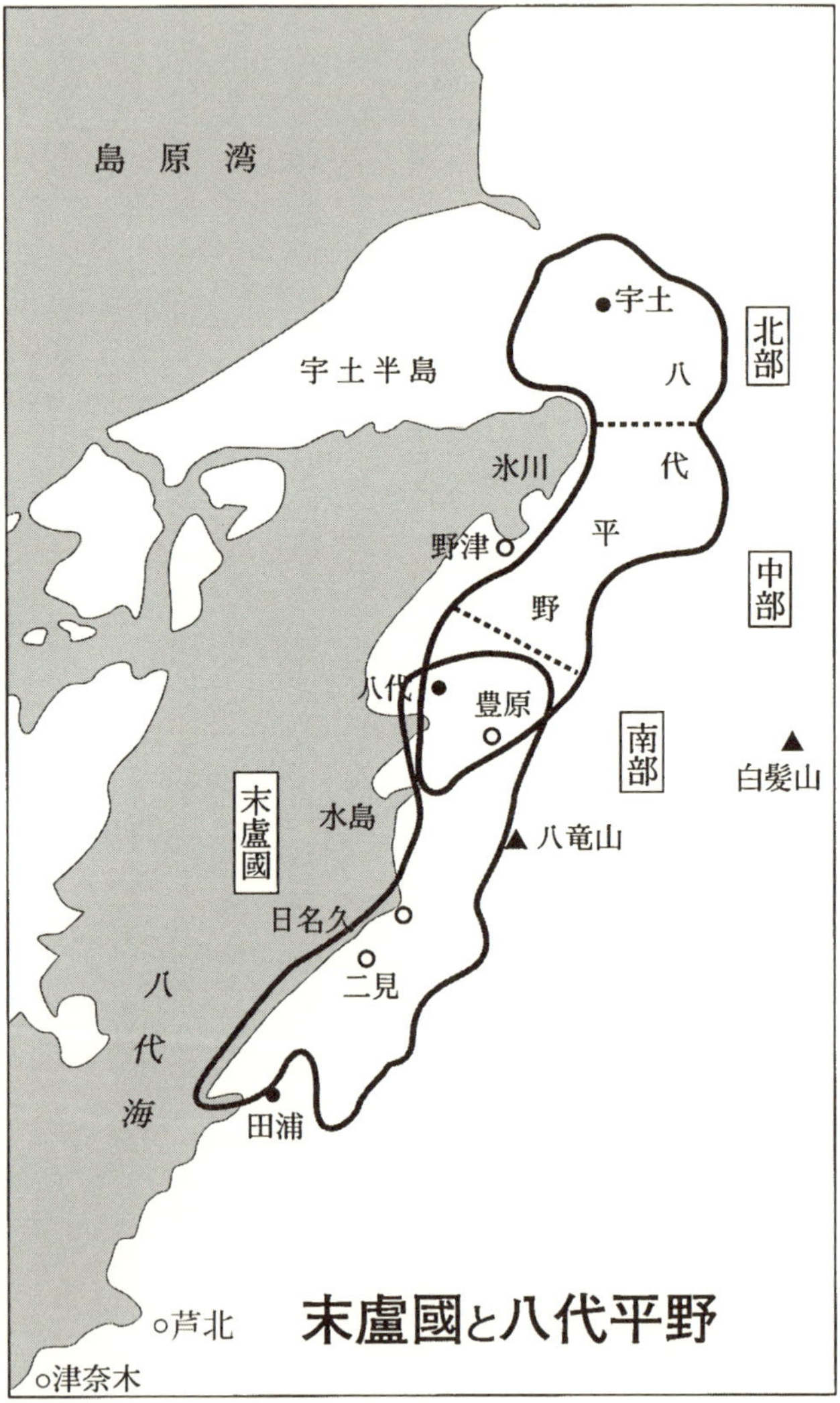
島原湾
宇土
宇土半島
北部
八
代
平
野
氷川
野津
中部
八代
豊原
南部
白髪山
末盧國
水島
八竜山
日名久
二見
八
代
海
田浦
芦北
津奈木
末盧國と八代平野

「熊本県の南西部に位置する、人口約一一万の田園工業都市。北東は鏡町・千丁町・宮原町・東陽村、南東は坂本村・芦北町、南は田浦町に各々境を接し、西は八代海に面している。昭和一五年、八代町と太田郷町等が合併して市制が施行、八代市となり、同二九年〜三六年にかけて、八千把村・高田村・金剛村・郡築村・宮地村・日奈久町・二見村・昭和村・龍峯村などの隣接町村が編入され、今日に及んでいる。

市域の北東部と南東部の後背地には、海抜三〇〇〜六〇〇メートルの丘陵性山地が盛り上がるが、北寄りを西流して八代海に注ぐ球磨《くま》川の河口付近には、八代平野の南部にあたる肥沃な沖積低地が開けている。球磨川の分流の一つ、前田川の北岸沿いに首邑の八代市街地が形成され、市街の西方、八代海岸にある八代港は、県内有数の国際貿易港となっている。

八代の開発の歴史は古い。弓・短甲の線刻壁画をもつ、装飾古墳二基を含む鼠蔵《そうぞう》町の大鼠蔵山古墳群や、日奈久新田町の田川内第一号古墳（装飾古墳）、巨石で築かれた石室を残す上片《かみかた》町の鬼の岩戸古墳など、市内各所に残る遺跡が、それを物語っている。

〝八代海〟は県の南西部の宇土半島と、天草諸島や鹿児島県の北西部に囲まれた、南北に細長い内海で、潮の干満差が大きい。北部は干潟利用のノリ養殖が盛んで、八代沿岸ではノリや貝の養殖が行われ、日奈久漁港にはタチウオ・ワタリガニ・エビ・カレイの水揚げがある。

概況にもあるように、球磨川が八代海に注ぐ扇状地帯には河川の土砂が流れこんで堆積して三角州が発達し、また市街地の在る河口右岸から宇土半島の基部までの沿岸地帯は干潟が発達して沖合い遠くまで〝浅い海〟になっていたので、近世になって埋め立てられて〝干拓地〟として改良されている。例えば、八代市の北に隣接して八代平野のほぼ中央に位置する〝千丁町《せんちょうまち》〟（現八代市）の大部分が近世以後の干拓地で、それに隣接した八代平野の北部に位置する〝鏡町〟（現八代市）の八〇％も干拓地である。また河口南岸の平野部、そこは八代平野の南端部に位置するが、そこも干拓地で〝水島〟という地名があり、その地名〝水島〟は、昔は八代の〝浅海〟に浮かぶ小島で、景行天皇が九州行幸の折――四世紀初頭の三一五～六年以後と想われる――舟に乗ってその小島〝水島〟に立ち寄った事情がこと細かに日本書紀に語られているらしいので、そこら一帯は〝浅海〟であったことが分かるのである。

景行天皇の行幸と倭人伝との時間差は僅か一世紀未満、地形に大差はない。その頃の八代平野は現在の大きさの約半分、海岸線は市街地の西の少し先を最先端として、かなり内陸部まで食い込んでいて、現在の国道3号線よりあまり離れていない所が渚になっていたと想像できる。したがって、古代の海岸に立って沖合いを見ると、渚から沖合い二～五キロにわたたって、現在の干拓地になった部分は皆〝浅い海〟になっていて、潮の干満差が大きい朝夕二回の干潮時には、土砂の堆積による平坦な海底を、否応なしに見ていたはずである。その情景を倭人伝は「水無深淺」＝〝水に深浅は無い〟と簡潔に表現していることになり、原文「水無深淺」を現地と照合させてみると、そのように訳していいことになる。

現代、八代市沿岸では貝養殖、対岸の天草上島《かみじま》あたりでは真珠養殖が盛んである。静かな内海・八代海の特に北部区域は、それらの養殖に適した海中条件があるのだから、三世紀頃の海中には天然物の鰒が豊富で、よく捕られていたと、想像に難くない。鰒に関して、十世紀の初めにできた『延喜式』の記録によると、肥後国（熊本県）から徴収された〝調《ちょう》〟（税…絹や布、その他の物産など）の中に、〝耽羅《タンラ》鰒《あわび》〟三九斤が納められている。〝耽羅《タンラ》〟とは朝鮮半島最南端の離島〝済州島〟のことなので、韓国産の〝耽羅鰒〟が輸入されている。――延喜式の〝耽羅鰒〟は、倭人伝の「好捕魚鰒」の鰒と関係が無いのは残念だが――それが陸揚げされた港は、県下有数の国際貿易港〝八代〟だったとすれば、十世紀以前から〝八代〟は朝鮮半島と交流があったといえる。

〝耽羅鰒〟の輸入の時代より遡《さかのぼ》った古墳時代、肥後国の〝古墳〟遺跡の分布状況と個々の構造、あるいは〝装飾古墳〟に描かれた文様・図形の質・内容を見比べてみると、〝八代〟周辺部の区域性と特質が分かり、その状況の中に、古墳時代より少しだけ先行している、倭人伝の「末盧國」の気配を感じとれるので、その状況と気配を追ってみる。

状況・一

今の熊本県、幕末以前の肥後国の古代は〝ひのくに〟といった。何故「ひのくに」といったのか、日本書紀や肥前風土記、あるいは肥後風土記にも種々語られているのだが、信憑性がない。結論的に〝火の国〟の起源は八代郡の〝肥伊郷《ひいごう》〟にあるとして、これは和銅六年（七一三年）の国・郡・郷名を漢字の好きな字をとり、二字で表現せよとの命令によって、ひ郷を〝肥伊郷〟に改めたもので、今の氷川付近（氷川沿いの野津・宮原・有佐・種山の諸村）が昔の火村で、〝肥伊〟は火と同じであり、すなわち〝火の国〟の根元だといわれている。元来、国名は最初からつけられたものではなく、原則的には小字《こあざ》から大字の村へ、その村がその地方の中心となると郷名・郡名へ、そして国名へと発展することが一般である。したがって火村（肥伊郷）から火の国への発展は、大和朝廷の政治力が九州まで伸びてきた五〜六世紀ごろ、この地方の豪族がいちばん有力で、中央との接触をもったとみられる。そして〝ひ〟村付近が当時の政治的中心地となり、それが中央との関連でしだいに国名にまで発展していくと、〝ひのくに〟は「火の国」となり、さらに〝肥の国〟へと固定していった。

状況・二

氷川付近で古墳中～後期ごろ（五～六世紀）の豪族の居住地であったことはその遺跡によって明らかである。とくに野津の古墳群や大野古墳をはじめ付近のそれは単なる一地方豪族のものとは思われないことからもそのことが想像される。その八代郡の氷川三角州の頂点に位置する野津地方の前方後円墳群はこの時代（五～六世紀）の代表的なものといわれるが、この付近は後の肥伊郷であり、それが〝ひ〟の国の起源地とするならば、五世紀から六世紀にかけての中央との接触において、とくに海上交通の実力を有するこの地方が、当時の大和政権の大陸との関係からみて、北域（熊本県の北端部）の菊池川流域地方よりいっそう中央に関係づけられたのであろう。――熊本県の中期古墳といわれるものは、中央のそれより約一世紀近く遅れて五世紀後半から六世紀にかかるものと考えられている。この時期はすでに熊本県下は大和政権の統一下に組み入れられていたから、雄大な畿内様式の前方後円墳をもってその代表とする。それは菊池川流域の菊池・鹿本・玉名の各郡に散在しており、中でも玉名郡の船山古墳は、筑後（福岡県南部）の石人山古墳（磐井氏の先祖、初代国造・筑紫君《つくしノきみ》、五世紀後半のもの）と非常な共通点をもっているので、六世紀初めのものといわれる。――氷川沿岸地帯の古墳グループより少し北にはずれて、宇土半島の基部に位置する八代海に面し、向野田《むこうのだ》の前方後円墳が発見された。副葬品のなかには緞子《どんす》・薄紗《はくしゃ》・錦などの大陸の織物とみられる繊維が認められ、この地方と大陸との関係を示している。なおこの古墳の成立は割石積みの石室のなかに石棺をおさめているところからみても、後期古墳への移行期のものと推定されているので、少し南にある氷川沿岸のものより若干新しく、六世紀のものと考えられる。

状況・三

熊本県のうち最も古いと考えられるもの（前期古墳）に、菊池川流域や宇土半島の突端の三角《みすみ》区および天草上島から〝八代〟の八代海沿岸にかけて、大群のものがある。これらの前期古墳は弥生期の伝統を受けた箱式石棺で〝畿内地方のそれと年代上では大差ない〟ものと考えられている。

それらの分布地域が菊池川流域のような農耕生産に適した地域はさることながら、とくに宇土・天草・八代各地方のように、八代海沿岸地方に集中していることに注目すべきである。また北九州地方とともにこの宇土・天草・八代の沿岸地方に大陸の影響下の前期古墳がみられ、特に〝八代市大鼠蔵《おおそうぞう》古墳などは明らかに中国の漢式墓制の影響による竪穴石室墳〟である。

――しかし一方では、菊池川流域は弥生文化以来の有力な遺跡がその背景にあり、その生産性の高さから有力な共同体の支配者が出現したためか、この地域は比較的早く畿内様式の影響を受けている。

例えば鹿本郡鹿本町（現山鹿《やまが》市）の大塚古墳は畿内的前期古墳様式をもつものとして知られている。だがその古墳の成立が必ずしも畿内の前期と同時代であることを意味しない。（古代における中央の文化様式の伝播は、その政治的条件により時代的なずれがある。中央から離れた北九州は、比較的生産力が高く大陸の影響を早くから受けて、古墳の自発的成立は畿内とそれほど違わないまでも、畿内的様式の伝播は年代的にずれがあった。まして熊本県の場合その成立年代はさらに遅れていると考えられている）。ちょうど阿蘇郡一の宮町（現阿蘇市）の古墳群が形式的には畿内の前期様式の影響を受けながら、副葬品そのほかによりその成立年代は〝五世紀以降と考えられる〟のと同様である。

状況・四

九州の古墳でその特徴的なものをあげると三つある。その第一は石室の内壁や石棺に彫刻や彩色で文様をつけた装飾古墳といわれるもので、とくに熊本県に顕著なものがある。

現在全国で一六二例の装飾古墳が知られているが、その内訳は肥後五四、筑後三三、筑前一〇、そのほかの九州一六、本州四九で、全国中、九州地方だけで七〇％強、その九州のうち、熊本県だけで四七%強を占めている。これらの文様は象形的なものと、幾何学的な図形に大別されるが、さらに彫刻を主とする幾何学的図形は肥後の古墳に多く、彩色を主とする一般の象形的文様は筑後に多くみられる。

これらの装飾古墳は、遠く中国の戦国時代（前四〜三世紀）ごろと考えられ、それが紀元後三〜四世紀のころ朝鮮で行われ、さらに九州地方へ影響を与えたとみられている。しかし大陸でみられなかった幾何学的文様が日本ではじめられ、とくに直弧文《ちょっこもん》（円と直線を組み合わせた図形）は日本独自のものと考えられる。宇土半島の基部、不知火町（現宇《う》城《き》市）鴨籠の石棺はその代表的なものである。中国的な彩色象形文様の筑後型にくらべて、幾何学的文様を特徴とする肥後型は日本的装飾古墳の典型といえよう。

その第二は、石人・石馬をともなうということで、これも福岡県南部と熊本県にもっとも多く、ほかに大分県に二例、鳥取県に一例あるのみである。その起源は象形埴輪《はにわ》の地方様式であるが、やはり中国漢代以降の石人・石獣の影響を考えなければならない。

その第三は、古墳に数体合葬する風習である。中央の古墳は原則として有力な権力者一人のためのものであるが、熊本県のそれは弥生時代の家族墓の性格を強く残して、古墳時代全期間にわたってこの現象がみられる。

これら一から四までの考古学的状況の中で、もっとも古い前期古墳の分布や発生状態を少しだけ気を付けて眺めてみると、熊本県北端部に近い菊池川流域のもの（大塚古墳など）は、畿内型の前期古墳様式でありながら、その成立年代は畿内のものより遅れて五世紀以降であるが、それより遥か南に中央より遠く離れた、熊本県南部の〝八代〟地帯のものは、前者よりさらに遅れて成立されていてもいいはずのものだが、状況は逆に〝畿内地方のそれと年代上では大差ない〟というのだから、その成立は畿内と同じ四世紀半《なか》ばか、早くても初頭の頃ということになる。すなわち、日本において四世紀の初頭か半ばの頃、畿内と〝八代〟地帯の両個所で高塚《マウンド》（盛り土をした塚）式の古墳＝前期古墳が突如として発生していて、その二地点にあまり時間差がなく、ほとんど同時に築造された。その頃の北九州や菊池川流域には未だその墓制がなかったが、それから半世紀ほど遅れ四世紀末になってから、北九州地帯にその墓制が畿内より伝播していった、福岡県石塚山古墳（前方後円・竪穴式石棺）、佐賀県銚子塚古墳（前方後円・竪穴式石棺）などである。それから間もなく五世紀になると菊池川流域に畿内的前期様式の大塚古墳などが現れるが、多分北九州からの伝播だろうと想像される。

　初現したのは畿内と〝八代〟の両箇所、何故同時に発生するのか？、想い当たるのは〝神武天皇の東征〟である。例えば〝八代〟の東南の方「五百里」の〝高千穂峰〟山麓に居る〝神武〟は〝八代〟地帯の大支配者だと考えられるので、〝神武東征〟の偉業により大和地方を平定し、その地を日本経営の拠点と定めて〝神武〟配下の主だった者たちが居住していたとすると、者どもの故郷の最重要拠点〝八代〟地帯の風習や思想が大和にも持ち込まれて、両地点の、同じ時間帯に、同じ風習の痕跡を残すことになるからである。もしそうなら、〝突如として〟発生した原因は、紀元二五〇年頃に〝突如として〟「魏國人」が〝八代〟＝「末盧國」に渡来したからである。中国の政変により〝八代〟地帯に取り残された「魏國人」には高塚式墓制の風習がある。二五〇年頃に渡来した彼等が、その地の支配者になり死んで古墳を造りだす年代は、三世紀末から四世紀初頭であるから、前期古墳の成立年代である四世紀初頭と非常に近くなるのである。さらに〝八代〟地帯に取り残されたのは「魏國人」だけではなく、沖縄を祖国にもつ南方系のヤマタイ国人も残留しているわけだが、畿内で考案された日本独特な形だという〝前方後円〟墳、その形は装飾古墳内に描かれた幾何学的図形と同じ意義内容を持つ形で、南方系の〝蛇信仰〟と関連しており、後に論証するが、その形は〝ヘビの胴体を輪切りにした断面図形〟なので、その形の考案には南方系のヤマタイ国人が関与していると思われる。要するに畿内で考案された〝前方後円墳〟は、「魏國人」の〝高塚式墓制〟にヤマタイ国人たちの〝蛇信仰〟の「形」を合体させて創造された、倭・漢折衷の産物だと判断できる。

なお、弥生文化と異質の古墳文化を、千五百年後の今日から見て、それが純和風だというのであれば、現代の和風なる物の正体は、日本人という人間も含めて皆、倭・漢折衷の内容が有る、と言い切ってもいい。このように、考古学的状況の中の原因も意味も分からない事実〝同時発生〟という現象に、記・紀の〝神武東征〟と倭人伝の「末盧國」を介入させて淘汰させてみると、不鮮明であった考古学的成果の意味も原因も分かりかけて鮮明度を増す。見方を変えると、三世紀の倭人伝、八世紀の記・紀、二〇世紀の考古学、各々時間も場所もほど遠くかけ離れた記録だが、同じ三～四世紀の古代の一面だけを見ているので、その部分的な一面を各々の方向から、縦・横・側面に投影して立体像を浮かびあがらせようとしているのである。だが各々の一面が〝真実〟の一部分でなければ立体像を造りだすことができないはずのものだが、今〝八代〟を「末盧國」に仮に比定してみることによって、その立体像が鮮明度を増しながら浮かびあがろうとしている。この瞬間に、〝八代〟地帯に「末盧國」実在の可能性や信憑性、何よりもその気配が強く感じとれるのである。

八代平野は南北に細長く、西側は八代海に面し、東側後背地は山地にはばまれている。球磨《くま》川河口に在る〝八代〟は、八代平野の南端部に位置し、氷川沿岸地帯というのは平野の中央部に在り、また宇土半島の基部地帯はちょうど八代平野の北端部に位置している。要するに八代平野は北部・中部・南部と三区分して纏まりやすい地理的、あるいは風土的な条件があったらしく、現在は南部地区が八代市、中部地区が八代郡、北部地区が下益城郡や宇土郡または宇土市が入りこんで区分されている。

その山地と海に囲まれた平坦な土地、すなわち八代平野における古墳の分布や発生状況を見ると、もっとも古い前期様式（円墳が主でその他墳形不明）のものがまず南部の〝八代〟に初現、四世紀初頭である。五世紀後半になると中部の氷川沿岸地帯に中期様式（前方後円墳群）のものが現れて、熊本県北端の菊池川流域地方より優位に立っている状況があり、それから少し経った六世紀初頭と想われる頃、北部の半島基部地帯に後期移行型のもの（向野田の前方後円墳）が現れている。

金印

今から二〇〇〇年前、江戸時代の天明四年（一七八四年）、志賀島の博多に面した西南岸、「叶《かな》の浜」に接する「叶《かな》の崎」の山腹の、斜面溝に露出してきた石組みの中から、島の百姓・甚兵衛が「金印」を発見した。〝かなり大きな岩石の下に、さらに三つの石で囲われていた〟という甚兵衛の証言から「支石墓《ドルメン》」ではないかといわれている。――また昭和二二（一九四七）年に島の北側で実戦用の細型銅剣の鋳型が発見され、武器の製造地だったとも――。

その「金印は、漢代の長さ一寸（二・四センチ）の方角で、高さ〇・九センチ、重さ一〇八グラムである。紐の動物は蛇虺《だき》（ヘビの類）で、漢の制度では蛮夷《ばんい》に賜わる印の鈕《つまみ》として規定されている。

印面の文字は「漢委奴國王」の五字が篆書《てんしょ》で三行に刻してある。第一行は「漢」の一字が長大に、二行目は「委奴」で、三行目が「國王」で、刻法は漢代の手法で謹直な書風である。

その五文字「漢委奴國王」の読み方であるが、三行目の「國王」を省いて、「漢委奴」を読んでみると「漢《カン》の委奴《イド》」国王、或は「漢《カン》の委奴《イナ》」国王と読める。「金印」が出土した志賀島の対岸地帯は怡土《イド》郡に区分されているから、「委奴《イド》」と〃怡土《いど》〃は同じ言葉であり、五文字を日本風に「漢の委奴王国」と読んで正しく、「委奴《イド》國王」とは〃怡土《いど》国王〃の意味であり、それで少しも間違っていないのである。多分、怡土郡あたりを支配していた大王を指している筈だが、文献上には現れてこない――いやその様に見えた。

「漢委奴」を「ハンイド」と読んでみて、その音韻から転訛した地名を探そうと地図を広げてみたが、ひょいと想い出したのが「磐《いわ》井」氏である。「磐《いわ》」の音は確か〃ハン〃であった。とすると「磐井《いわい》」は「磐井《ハンイ》」と読める、これだ!!「漢委奴《ハンイド》」から「磐井《いわい》」までの変遷過程を簡単に考えて見ると漢委奴《ハンイド》――?――磐井《ハンイ》――磐井《いわい》となるが、ミッシング・リンクの漢字「?」が想い出せない。「井」の音は〃イ〃であるが、他《ほか》に別の読み方があるのか、『大字典』で調べてみると、音は〃イ〃で訓は〃イド〃だと説明されている。「井」の意味は井戸の事ぐらいなら知っていたが、訓が〃イド〃だという事は、「井」一字で「井《イド》」と訓める事になる。これだー、もう間違いない、とうとう見つけてしまった!!
「磐井」はそれだけで「磐井《ハンイド》」と訓めるから、漢委奴の音「ハンイド」の当て字に、「磐井」を採用して磐井《ハンイド》を使用していたが、後世の者がその漢字を純日本風に磐井《いわい》と読むようになった――磐井《ハンイド》の読み方に気付いたのは昭和六十三年（一九八八）一月六日――。したがってミッシング・リンクとなる筈だった漢字「？」を想定する必要もなくなり、その変遷過程は極く単純で、簡単に変遷図が出来上がる。

漢委奴《ハンイド》 ― 磐井《ハンイド》 ― 磐井《イワイド》 ― 磐井《いわい》

この変遷図から、〝筑紫国造磐井〟の勢力圏内の重要拠点、その意味を象徴する〝志賀島〟から出土したという「金印」の所有者は、反乱を起こした六世紀の「磐《いわ》井《い》」氏の先祖の物だと、断定できる。その者は、北九州の怡土郡あたりの支配者・倭名〟〝怡土《イド》国王〟、中国名「委奴《イド》国王」であり、国王の所有物である「金印」は、『後漢書』や『魏志倭人伝』に表記されている国々とは全く無関係の代物《しろもの》である。六世紀の「磐井《いわい》」氏は、「金印」の所在について知らなかったが、先祖が〝志賀島〟に住んでいて墓（支石墓）も在り、何処からやってきて、何種族の者だったか、知っていた筈だ。更に頭の「漢《ハン》」を追及してみると、匈奴が建国した「漢《ハン》」（三〇三～三二八）だと判った。

この章でのポイント

・對馬國から一大國（一支国）へは、現在の玄界灘（対馬海峡）を渡るが、「倭人伝」では、紀元二四〇年頃は「瀚海」という固有名詞の呼び名で一般化されていた。
・「一大國」は、対馬の南・一千餘里の処にあるとされ、さらに、「又一海を渡る千餘里、末盧國」に至るとあり、末盧國が九州本島の海岸に面した国であると分かっていることから、一大國が、対馬と末盧國の中継地で「島」であることが比定される。
・「一大國」の一大を中国人が「イター」と当て字し、それを倭人が一島を「イタウ」を用い、次に中国音の一の替わりに五「イ」を採用することで、五島が創作されたとみられる。その結果、一大國は「五島列島」であることが知られた。
・「末盧國」は、倭人伝に、「四千余戸有り、山海に濱《そ》って居《お》る。好く魚鰒を捕え、水の深浅無く」などとあり、また海岸に古墳の大群があって、その古墳の状況分析では、八代の高塚式古墳の存在と、火の国の起源が八代郡の肥伊郷にあることによって、熊本県の「八代」が比定された。

第2章

「邪馬台国」への道Ⅱ

末盧國から、伊都國・奴國・不彌國・
投馬國を経て邪馬台国へ

●あらすじ●

前章で、「末盧國」を熊本県の「八代」と比定したが、『魏志倭人伝』では、目的地の「邪馬台國」へ至る路程を、伊都國をはじめとして、奴國・不弥國・投馬國を経ると記載されている。この章で、それぞれの国々が、日本のどの場所に比定されるのかを詳述していく。

「伊都國」は、『倭人伝』によると、末盧國から「東南陸行五百里、到伊都國」とある。八代からは東南方向に球磨川左岸沿いに道があるが、この道は、その昔「景行天皇」が西征で日向側より八代に向けて通った道である。伊都國は「有千餘戸」とあるが、現代のどの場所に比定されるのだろうか。それは、現在の小林市（宮崎県）全域とみられるのだが……。

「奴國」は、伊都國から「東南至奴國百里」とあり、さらに「有二萬餘戸」という大きな國であることから、現在の都城盆地（宮崎県）平野部と南に連なる地帯ではないかと想像された。

「不彌國」は、奴國から「東行至不彌國百里」とあり、「有千餘戸」とあるが、奴國からの東への道は三つあるために、どの道を選定するかで、不彌國の比定の正確さが要求されるとともに、その先にある「南至投馬國、水行二十日、可五萬餘戸」という大きな國の「投馬國」の比定にも影響するために、慎重を期することが求められた。

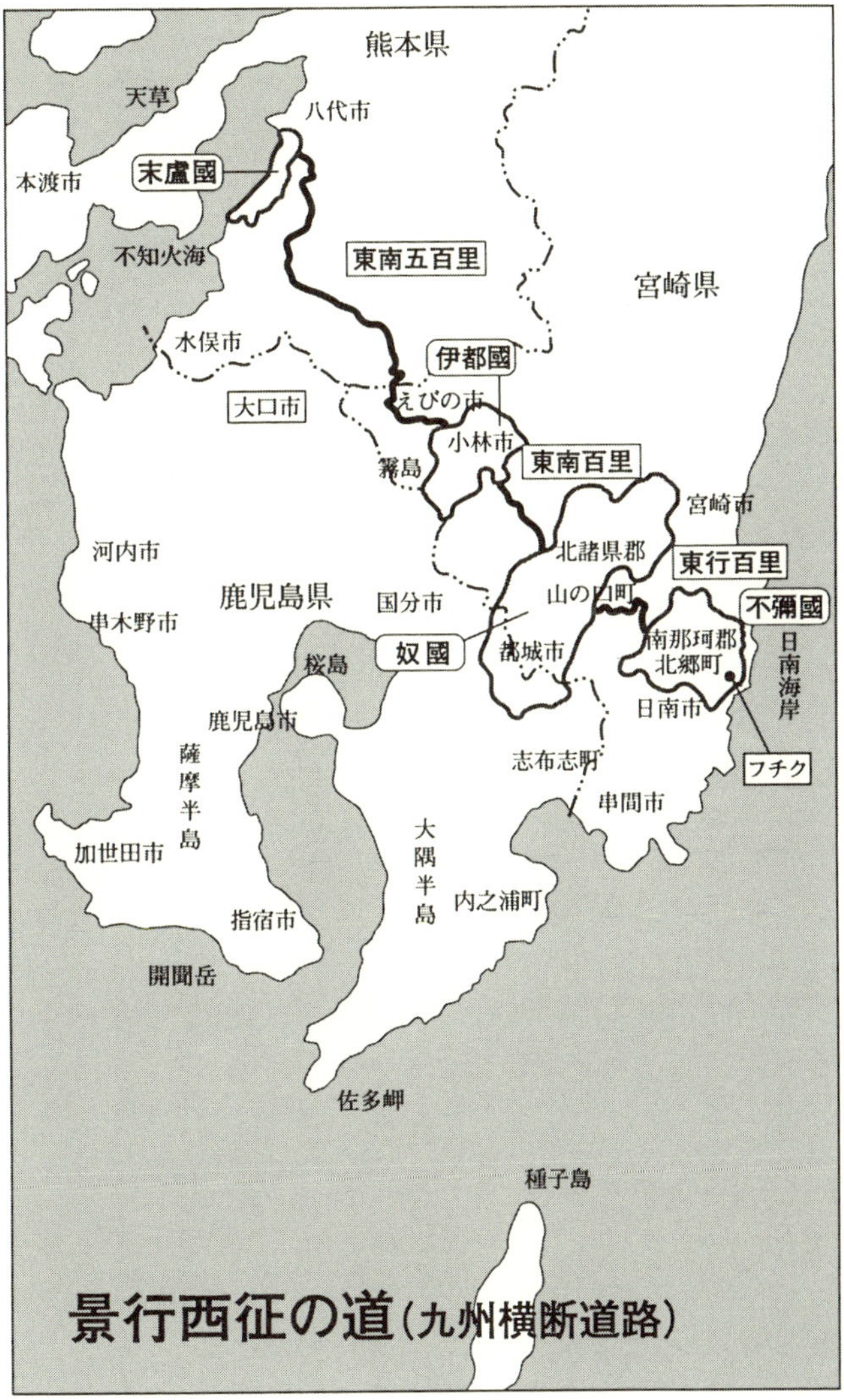
熊本県
天草
八代市
本渡市
末盧國
東南五百里
不知火海
宮崎県
水俣市
伊都國
えびの市
大口市
小林市
霧島
東南百里
宮崎市
河内市
北諸県郡
東行百里
鹿児島県
国分市
山の口町
不彌國
串木野市
奴國
都城市
南那珂郡
北郷町
日南海岸
桜島
日南市
鹿児島市
薩摩半島
志布志町
フチク
串間市
大隅半島
加世田市
内之浦町
指宿市
開聞岳
佐多岬
種子島
景行西征の道(九州横断道路)

伊都國と奴國と不彌國と「ニニギ」

「末盧國」から東南に陸行すること五百里にして「伊都國」に至るはずだから、地図上で〝八代〟市街地の中心部を支点にして「一大《イター》國」＝〝五島《イタウ》〟の有川港までの長さをコンパスで測り、それは「千餘里」の長さだから二分の一に縮めて、東南方向に回転させると、指針は宮崎県域に入り、小林盆地と都城盆地の境に位置する〝高原町《たかはる》〟付近を指す。そこは天孫ニニギノミコトが降臨したという高千穂峰の山麓で、〝高原町〟は〝神武天皇降誕の地〟だという。それに隣接する盆地〝都城《みやこのじょう》〟の文字に、「伊都國」と同じ漢字「都《ト》」が用いられているが、はたして関係があるのかどうか。かなり重々しく気配がして……何かあるッー。

景行《けいこう》天皇・西征の道を遡る

うまい具合に熊本県の〝八代〟から東南方向に、球磨川左岸沿いに道路があり、その道は、九州の西側沿岸から東側沿岸へ斜めに横断するように、人吉盆地―小林盆地を経由しながら、やはり東南方向の都城盆地まで貫通している。むかしこの道を、景行天皇が熊襲《くまそ》征伐の折、宮崎県の日向側より〝八代〟沿岸地帯へ貫けて通った道だというのだが、今またその同じ道を逆に、倭人伝・追及の中で遡《さかのぼ》ろうとしている。

一体この重なる状況は何を示唆しているのか。

そこに東南方向に横断する道があって、それは景行朝の四世紀初頭の頃すでに貫通していたものである。倭人伝の二五〇年から僅か半世紀余りしか経っていない状況だが……。

僅か半世紀余り先行している倭人伝の、「魏國」やヤマタイ国の者どもが何故その道を通りぬけようとしているのか判然としない。だが、者どもの行動は必然的に、〝日本誕生〟の神話に満ちた高千穂峰の山麓と接触することになる。それは魏志倭人伝と記・紀との接点であることを示唆して、日本の歴史にとって余りにも重大な〝史実〟を提起することにもなりかねない。緊張のためか体が少し震えているようだ。何よりもそこに、古代から「東南」方向の道が存在していた。それを横断しようとしているのだが、倭人伝が記録している「郡より倭に至る」道程をまっとうに追跡していると、実感されて自信を深めさせ、もうすぐだ！　姿は未だ見えてこないが、ヤマタイ国までもうすぐ、その近くに埋没しているにちがいないのだと、奮いたたせたのである。倭人伝は「伊都國」の状況や次の「奴國」・「不彌國」などについて、前文にひきつづき次のように記している。

「官を爾支《ニキ》と曰い、副を泄謨觚《??コ》・柄渠觚《??コ》と曰う。千餘戸有り。世々王有るも、皆女王國に統属す。郡使の往来常に駐まる所なり。東南奴國《なこく》に至る百里。官を兕馬觚《シマコ》と曰い、副を卑《ひ》奴母離《なもり》と曰う。二萬餘戸有り。東行不彌國《ふみこく》に至る百里。官を多模《たも》と曰い、副を卑奴母離と曰う。千餘戸あり。……」

指針は高千穂峰の山麓の〝高原町〟付近を指しており、そこらあたりが「伊都國」だとすれば、次の「奴國」はさらに「東南」方向へ「百里」の地点にあるはずだ。コンパスをさらに五分の一に縮めて「百里」の比率・長さに定め、東南方向に回転させてみると、そこにも具合よく、〝高原町〟より東南方向に古い道（現・国道二二一号線）が貫けて、指針が〝都城盆地〟の北部地帯─現在の都城市域の北端部を指す。これが「奴國」だとすれば、倭人伝の「二萬餘戸有り」という状況説明文となんとか合致するのではないか。現在の〝都城盆地〟地域内には、都城市と北諸県郡《もろかたぐん》＝高崎町・高城町・山之口町・三股《みまた》町・山田町・が区分されており、約二〇万人の人々が住んでいるのだが、さらに都城盆地の南に、それよりも大きな平野部が連なっている。倭人伝の「二萬餘戸」といえば人口にして八万か一〇万人程度、弥生時代の末期、三世紀頃の都城盆地の人口密度にしては少し多すぎる感がしないでもない、だが南に連なる平野部の一部分も含んで「奴國」だとすれば、「二萬餘戸有り」という状況と現地の状態が矛盾しないで、納得できるではないか。次に、そこから「東」へ「百里」の地点に「不彌國」があるはずだから、〝東〟方向へコンパスを回転してみると、最終的に指針が──都城盆地と東方の日南海岸地帯・平野部を縦に分断して区分している──鰐塚《わにづか》山地北端の山頂付近を指している？　もう少し東へ、山頂から百三〇里余り（約二〇キロ）行けば海岸に出て、それから「水行二十日……」することができる情勢なのだが……。

地図をよく見ると、都城盆地から「東」へ山越えする道が三つあり、北側の国道二六九号線は、やや北上ぎみに進み、途中で南下して、結果的には「東」方向に山地を越えて、日南海岸に出る。中央の県道は、「東」に山越えして〝南那珂郡〟に出て、それから南下するようにして日南市域の海岸に出る。南側の国道二二二号線は、少し南下してから「東」に山越えして、そのまま日南市街地に入り、そこはすぐ海岸である。三カ所の道路事情で、『倭人伝』の文面「東」に最も忠実に合致する状況は中央部の道で、次は南側の道、次が北側の道、という順序となる。いずれにしても、それらの道路を「東」へ行って、それから「水行二十日……」に入るには、都城盆地平野部から山越えして「百里」にして至る地点は、鰐塚山地の山頂か、山中か山麓であり、そこが「不彌國」だと仮定して、それから「水行二十日……」のための海岸まで出るには、さらに百三〇余里ほど行かねばならない。この条件は三カ所とも同じ状態になっているので、それでは『倭人伝』の「里数」合計値〝七百里〟（五百里＋百里＋百里）と合わないことになる？

それは多分「里数」合計値との誤差百三〇余里は、各国々の国域の広さ・面積などを考慮せず、中心部から中心部までの「里数」と考えて、現在の地図や行政で採用されている都市の中心部――市役所から次の市役所までの距離で表示される――と同じ方式でコンパスを回転させていることが、起因となっていると予測でき、誤差の百三〇余里は国域の広さ・面積に吸収される気配がしている。すなわち、『倭人伝』の「里数」表示の仕方は、島（國）の場合は港から港までの距離で表示されているのは間違いないが、陸上における国々の場合は、『後漢書』の「楽浪郡徼去其國萬二千里……」の事例があるように、「楽浪郡」の中心部〝郡治〟（郡の役所）からの距離表示ではなく、「徼」《キョウ》、即ち国境からの表示であると同じように、「徼」から「徼」までの距離、例えば「末盧國」徼（国境）から次の「伊都國」徼（国境）までの里数が「五百里」だと表記されている、その可能性が考えられるわけである。もしそのような表記方式なら、「里数」合計値〝七百里〟を省いた部分が国々の国域であるから、『倭人伝』が表記する「五百里」・「百里」・「百里」の数値を利用して、国々の国域を想定することが可能となる。

何よりも、仮想される地点に――コンパスの指針が指す〝高原町・都城盆地・日南海岸地帯〟近辺に――倭人伝表記の「国・国」の痕跡を確認することが先決であるが、その確認のためにも、「里数」と〝国域〟の想定が要点・課題となり、想定しながら痕跡を……確認しながら想定を、二つの要素を並行させながら同時に、あるいは交互に、修正を繰り返しての追及となる。その作業の実際は、地図上にキルビメータ（曲線計）を歩かせての算定となるが、前のコンパスによる比率方式では「国・国」の距離を便宜的に、地図上の直線距離で測っている。「魏國人」たちには地図は無く、実際に歩いている距離を記録しているはずであり、道は曲がりくねって高低があるから、「五百里」の地図上における長

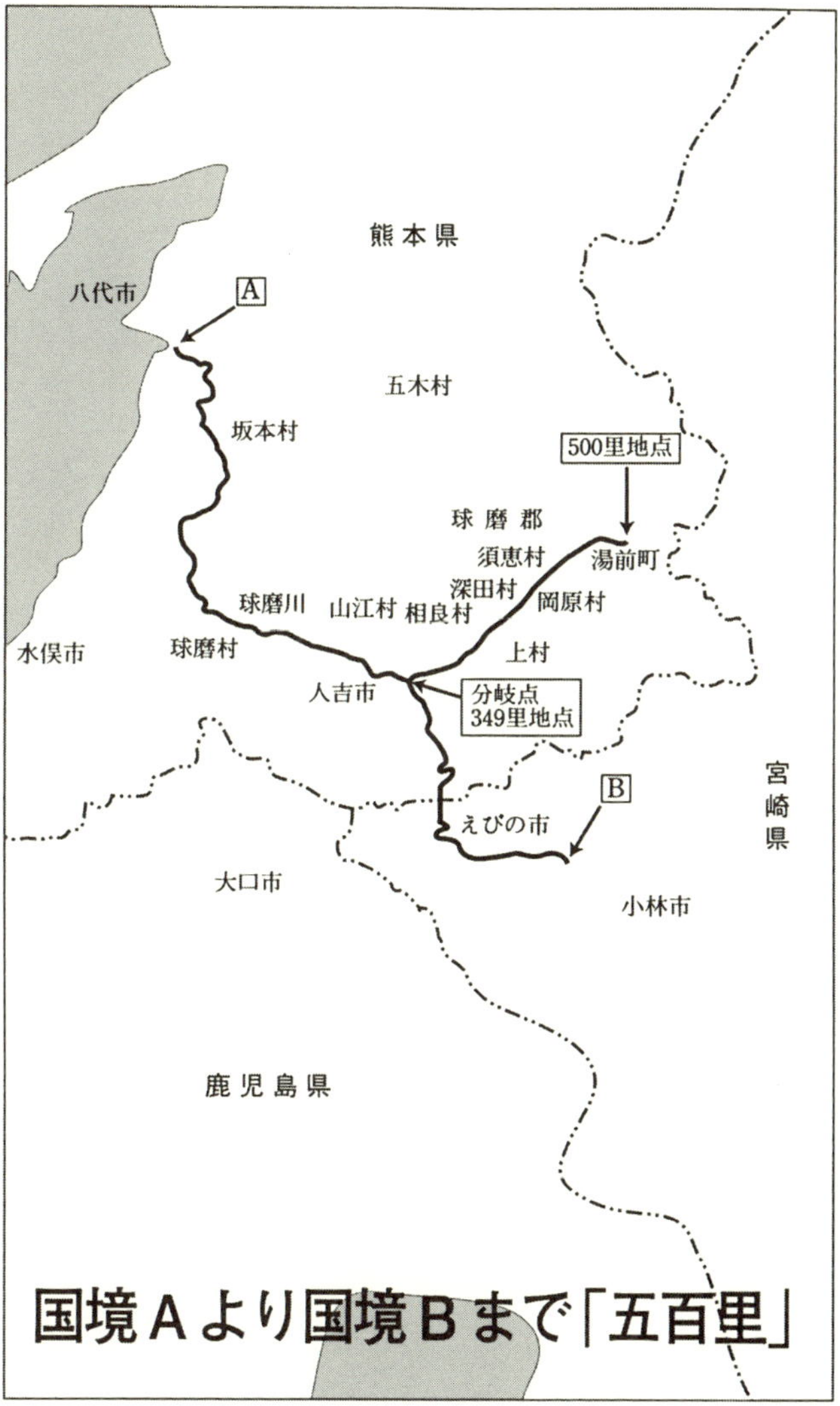
熊本県
A
八代市
五木村
坂本村
500里地点
球磨郡
須恵村
湯前町
深田村
岡原村
球磨川
山江村
相良村
水俣市
球磨村
上村
人吉市
分岐点
349里地点
宮崎県
B
えびの市
大口市
小林市
鹿児島県
国境Aより国境Bまで「五百里」

さは実際の距離よりもかなり短い地点であると予測できる。したがって、先の誤差百三〇余里はもっと大きい数値となるが、それらは皆「国・国」の国域の広さ・面積の中に吸収されると想われるから心配はない。何よりも痕跡の確認だけが、決定的な要素だといえる。

試みに、「末盧國」の中心部〝八代〟の市街地を基点としてみる。

　そこからキルビメータを進めようとすると、東南方向から流れてくる球磨《くま》川の左岸に道があり、右岸にも鉄道が走っている。その鉄道も元は古い道路だと考えられるが、どちらを「魏國人」たちが通っていたのか、地図上では分からない。球磨川は、左岸（南側）は国見山地・右岸（北側）は九州山地で、その谷間を西北に流れている。右岸も左岸もどちらの道程も距離的には同じなので、左岸の道—国道二一九号線を進ませてみる。その道は、東南方向から流れてくる川に沿って築かれているので、間違いなく『倭人伝』の説明文「東南」に向かって歩いており、安心できる。上流に向かって少し行くと川を渡り、右岸を歩くことになる。さらに上流へ人吉《ひとよし》市の市街地に至り、その郊外で道が二つ方向に分岐している。

　その人吉の分岐点でキルビメータは五三キロメートルを示し、「里数」に換算してみると（一里＝一五二メートル）〝三四九里〟となる。あと一五一里（約二三キロ）ほど進めば「五百里」地点に到達でき、そこに「伊都國」があるはずだが、はたして二つの道のどちらを選んで通過していったものやら？

国道二一九号線は人吉の分岐点付近からゆるやかに方向を北側に九〇度転じながら、北東に向かって進むようになり、〝人吉盆地〟を北東に貫通して、山越えすれば宮崎県域に入る。その道とは別に、人吉の分岐点よりさらに〝東南〟方向に進む国道二二一号線があり、それに乗り替えて進めば〝高千穂峰〟山麓を通過して日南海岸まで続いている。どの道を選べば褒《ほ》めてもらえるのやら。

人吉盆地は北東から斜めに南西に細長い山間の平野部で、人吉市・市街地は南西端の盆地入り口に位置して、古代から文化・政治・経済の中心部である。また人吉盆地の北に隣接して、五《イ》つ木の子守唄で有名な〝五木村《イツキ》〟があるが、この二つの地名の頭文字〝人《ヒト》〟と〝五《イツ》〟が、『倭人伝』の「伊都《イト》」または「伊都《イツ》」と音韻が似ていて、「伊都國」の痕跡を想わせるのである。試みに、人吉の分岐点から方向を北東に転じる国道二一九号線へキルビメータを進めて、〝五百里〟地点で止めてみると、そこは〝人吉盆地〟最北東端もいいとこ、平野と山の境界付近の谷間（湯前町猪鹿倉）を指している。仮にそこが『倭人伝』の曰う「五百里」地点なら、人吉盆地全域が「伊都國」だと考えられ、地図上の〝八代〟に対する〝人吉盆地〟はまさに「東南」に位置しているので、『倭人伝』とほとんど矛盾はしないのである。そのため先の音韻の類似性が、痕跡ではないかと強く意識されてくる。

もしそれが痕跡なら、「伊都國《いとこく》」から現・地名〝人吉《ひとよし》〟〝五木《いつき》〟までの変遷は、M・L《ミッシング・リンク》「一《イツ》」を挿入して次の仮案ができるのだが。

（仮案）

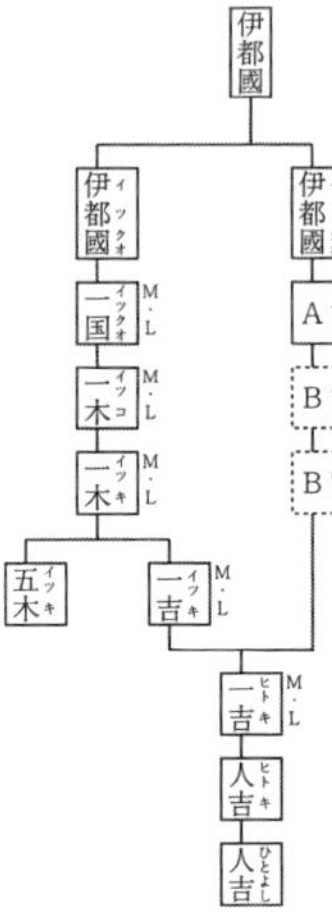

〝人吉盆地〟最北東端の〝五百里〟地点からさらに「東南」へ、『倭人伝』の説明どおりに「百里」進もうとしても、そこでも道が二つに分かれ、一つは〝北東〟に進む四四六号線だが、それでは「文面」に合わない。もう一つが〝五百里〟地点の谷間から山越えする二一九号線だが、方向は〝東〟であり、山越えして宮崎県域に入ってもやはり〝真東〟に向かって西都市に至る。途中、谷間より〝東〟方向の一二キロ地点に、〝東南〟方向に向う道、二六五号線があるが、その道を〝東南〟方向に通過したとして、谷間の〝五百里〟地点から「百里」に至る地点は、人気のない九州中央山地の山の中なので、とても『倭人伝』の「東南奴園に至る百里。……二萬餘戸有り。」の状況と合わない。「二萬餘戸」の人間が住める平野部（宮崎市と西都市の中間に位置する東諸県郡《ひがしもろかたぐん》）に出るにはさらに〝二百里〟、すなわち谷間の〝五百里〟地点から〝三百里〟の山越えをすれば、平野部に出られるが、その平野部に「奴國」を想わせる痕跡らしきものはないのである。とすると、

「魏国人」たちは〝人吉盆地〟を通過していないことになり、地図上では人吉盆地が八代の「東南」に位置して、『倭人伝』と矛盾しないのだが、そこに「伊都國」が存在していないと判断せざるを得ない。それでは先に感じとれた音韻の類似性――それから想像された地名変遷の仮案は、一体何なのか。それは独り善がりの〝妄想〟でしかなかったのか。いや、確かに、確かに手応えがある。それは多分、例の『魏略』に表記されている不可解な「伊都國」と関連して……気配がするのである。

人吉の分岐点より北東に向かう国道二一九号線に入るのは間違いだと分かってきた。やはり『倭人伝』の文面どおりに、分岐点より「東南」に向かっている国道二二一号線を通過しているようだ。分岐点にもどり、そこは〝三四九里〟地点だが、そこからキルビメータを二二一号線に進めてみる。山越えすれば宮崎県域に入る。山を下りた山麓の平野部にはすぐ、〝えびの市〟市街地が在り、その傍《かたわら》をかすめて少し、三キロばかり進んで〝五百里〟地点でキルビメータを止めてみると、〝小林盆地〟の西側平野部を指している？　西側平野部は〝えびの市〟に区分されているのでえびの盆地ともいっており、キルビメータが指している仮の〝五百里〟地点は、市街地の東三キロ地点で、〝坂元〟の地名がある。

前のコンパスによる直線的な比率方式が指していた高原町は、その仮の五百里地点（えびの市坂元）よりさらに二四キロも前方に見えているが、それだけの誤差が出てきたことになる。誤差が出るのは前から分かっていたのでそれほど驚くこともない、それよりも…

…『倭人伝』の「五百里」の、最小値の地点が〝仮の五百里〟地点で、最大値の地点が〝高原町〟だと考えてみると、「伊都國」はその範囲内に存在しているはずだ、と予測できるわけである。その区間の大部分が小林盆地なので高原町は小林市に隣接し、狭い平野で繋がっているので、広義で小林盆地の東端部分と考えていい。大雑把な感覚で捉えてみると、「伊都園」は小林盆地のどこかに埋没している、と想われた。

　小林盆地は東西にやや斜めになって細長く、国見山地と霧島山系（西側からえびの高原─韓国岳─霧島山─高千穂峰）に狭まれた地帯である。西側半分はえびの市、東側半分が小林市に区分され、それに隣接して高原町がある。要するに、この盆地をえびの市と小林市が二分しているわけである。それで〝仮の五百里〟地点はえびの市域内（坂元）に位しているのだが、一体「伊都國」はえびのと小林のどちら側に埋まっているのやら。小林の音韻は「伊都國」と全く異なる音韻系に想えるが、〝えびの〟の音韻にしたところで、直接に「伊都《イト》」や「伊都《イツ》」と繋がるとも想えない？　だが何故か……地図上の地名はすべて漢字で記載されているのに、それだけが平仮名で〝えびの《エビノ》〟と書かれている。エビノの音韻はすぐ七～八世紀以前の古い民族名〝エビス・エミシ〟などが連想されるが、それと関連があるのか。さらにそれが『倭人伝』・三世紀の「伊都國」とどのように繋がるのか？　調べてみたが手懸かりは全く摑めなかった。

　だが、その調査中に面白い物を見つけてしまった。えびの市の西側に隣接して〝大口市〟（鹿児島県）があり、その音韻〝オオ・グチ〟が、『倭人伝』が記載している不可解な人間「生口《なまぐち》」の、日本訓み〝生口《オフグチ》〟と非常に似ていることに気が付いたのである。〝大《オオ》口《グチ》〟と「生口《オフグチ》」の類似性に気付いた時点では、二者が関連しているにちがいないと感覚的に分かるのであるが、自信をもって説明するだけの根拠を提示することができない。あとで二〜三の根拠らしきものを摑んだので、「生口《なまぐち》」＝巨人《ジャイアンツ》説については第4章で説明する。

小林盆地の西側平野部・えびの市域にそれらしき痕跡が見当たらない、それでは東側平野部・小林市城内に埋まっているのか……。〝小林《コバヤシ》〟の音韻は、『倭人伝』「伊都」国の音韻とは別系のもののようで、とても「伊都《イト》」から小林までの地名変遷の可能性がない。その他小林市域内の状況を、歴史書や観光案内書など・各資料に簡単に目を通してみると、どの本にも必ず紹介されている名所の一つに、〝伊東塚〟が説明されているが「伊都」と全く同じ音韻で、頭文字「伊」も同じ、これではないか！　地図上で大方の地名を当たってみたが、直接「イト」と読める文字はなく、伊東塚だけが唯一である。したがって、その伊東を糸口にして、「伊都」までの変遷を遡って追及しなければならないことになる。だが、前以って結論的にいえば、その伊東は一二世紀まで遡れるが、それ以前は不明である。故に三世紀の「伊都」から一二世紀の伊東までの間の状況は空白なので、「伊都」―伊東の地名変遷に説得力がない。だがその変遷過程とは別に他の状況があり、それが空白部を埋めて余りあるので、それに依り「伊都」―伊東の変遷に信憑性を付加できるかもしれない。

いずれにしても〝伊東塚〟の空白部などを追及する前に、今は何よりも重大なその〝他の状況〟を説明するのだが、前もってその地名変遷と他の状況に依り、「伊都國」の国域は小林市全域に限られると考えられるので、前の〝仮・五百里〟地点を修正しながら、「伊都國」国域の比定を先にし、同時に「奴國」、「不彌國」の比定もしておく。

「伊都國」国域比定

〝仮・五百里〟地点は、八代市街地を基点にして測り、えびの市街地の先三キロ地点であった。そこはえびの市域内（坂元）だが周辺部に痕跡がなく、隣接する小林市域内に「伊東塚」と呼称している痕跡らしきものがある。このことも含めで諸々の状況から、倭人伝の「五百里」とは、国々の中心部から中心部までの距離を示す―市役所から市役所までの距離で示す現代方式ではなく、「楽浪郡徼《キョウ》……」という記述の方式の、すなわち「徼」から「徼」まで―「末盧國」国境から「伊都國」国境までの距離を示している、と考えられるのである。この視点で仮・五百里を修正するには、「末盧國」国域は現在の八代市域と考えられるので、それから「東南」方向に通じている国道二一九号線の市・境界線を基点にして測ればいい。79頁の地図上で、市街地から市・境界線のA地点までの距離は六キロあるので、そのＡ地点からの「五百里」＝Ｂ地点は、前の仮・五百里地点の先、六キロ地点となる。地図上で仮・五百里の坂本からキルビメータで六キロだけ進めてみると、現在のえびの市と小林市の市・境界線の真上を指して止まっている！

正に驚異である、そこがＢ地点、「末盧國」徼（国境）から「五百里」行った「伊都國」の西側の徼（国境）なのである。地図でＢ地点周辺の地形をよく見ると、東西に細長い小林盆地のほぼ中央部に位し、北側の国見山の山麓が、その中央部だけ一部分張り出して、盆地の平野部を西と東に二分しており、張り出した小高い丘陵の、尾根伝いの稜線が市・境界線となっていて、地域を区分するに格好の地形となっている。人吉郊外の分岐点から「東南」に進む国道二二一号線は、その張り出した丘陵上を通過するのだが、Ｂ地点は丘陵上の二二一号線、市・境界線と同じ地点である。この地理的条件は今も三世紀も変わらない。そこが「伊都國」の西側の「徼」だとすれば、国境にふさわしい地形だと納得できる。何よりも、海上における「里数」はかなり正確であったが、今、陸上のＡ地点からＢ地点までの「五百里」＝（七六キロ）の精密さに驚嘆せざるを得ない。この精密さは、歩数、日数・時間、目測などから感覚的に捉えた数値ではない、多分測量・道具を用いて測ったものだ、と予測しておくことができる。

想えば三世紀の倭人伝、古の人がこれほど精密に測り、記した。この実直さはあたり前なのだが、やはり懐かしい！　旧い友に会えたようで懐かしい。それを〝海鳴りの……〟、いや思い出すのはやめよう。怒りがこみあげて震えてくるので、忘れることにする。

「伊都國」の西側「徼」はB地点であることが分かった。小林市境界線である。そこから二二一号線を東に、少し行ってまた東南に進み小林市域の東側境界線に至り、隣接地は高原町である。この境界線を「伊都國」の東「徼」と仮定して、仮のC地点とする。「伊都國」から次の「奴國」へ行くには、仮のC地点からまた「東南……百里」行けばいいのだが、その「奴國」は、前のコンパス方式の検討で大体都城盆地だと分かっている。それで、地図上で「奴國」を想定するには、〝小林盆地〟＝（伊都國）と〝都城盆地〟＝（奴國）の間に、「百里」の間隔を置けば、大体の国域が地図上に浮かびあがるにちがいない。その浮かびあがった国域の様相と、地形の状態を見比べながら、最終的な比定ができるはずである。

二二一号線は小林市街地を過ぎる頃から「東南」方向に向かって仮のC地点に至り、さらに「東南」に向かって都城盆地北西端地域に通じている。したがって、仮のC地点から「東南」に進むには、そのまま二二一号線を進むことになる。キルピメータを仮のC地点に立て、そこから「東南」へすぐ高原町に入り、さらに「東南」へ高原町を過ぎて〝高崎町〟に入る。さらに「東南」へ進みやがてメータは一五・二キロ＝「百里」地点を示す。

そこが仮のD地点・「奴國」の西側「徼」であるはずだが……。

メータが指す仮のD地点は、やはり都城市・境界線ではないか！ 現代が行政区分している都城市と高崎町の境界線の真上を指しているのである。地図上の、この状況では仮も修正もあったものではない。仮のC地点はそのまま「伊都國」東側の「徼」・C地点であり、仮のD地点も「奴國」西側の「徼」・D地点だと考えられ、C—D間が「東南……百里」に該当するので、前にコンパスが示した高原町と、隣接する高崎町は「百里」の中に繰り込まれていることが分かる。B地点とC地点は各々「伊都国」と現小林市に共通する、最西端と最東端であるから、「伊都國」の国域は現在の小林市全域に限られると判断できて簡単に比定されるが、「奴國」の国域比定は少し手数がかかるようだ。

「奴國」国域比定

「伊都國」の東側国境（徼）のC地点から「百里」進んだD地点、現在の都城市境界線が「奴國」の西側国境（徼）だとすると、前のコンパス方式で予測していた〝都城盆地全域〟の想定を若干縮小して修正しなくてはならないことになってきた。都城盆地の北端または西北端は高崎町なので、その部分区間は「百里」の中に繰り込まれているのだから、「奴國」国域外であり、省かなければならない。すなわち「奴國」国域は、都城盆地全域から北端部に位置する高崎町を除いた地域＝都城市・高城町・山之口町・三股町・山田町と、その南に連なる平野部の一部だと、一応の想定がされる。それで都城盆地全域から北端部の高崎町を省いた現在の人口は一八万余りだが、三世紀頃の「二萬餘戸有り」＝（八万～一〇万人ほど）と比べて考えてみると、現在の一八万余りはやはり少ない？　とすると、「奴國」の国域は都城盆地だけでなく、盆地の南に連なっている鹿児島県域の平野部も含んでいるのではないか、と予想されるのである。南に連なる平野部のどこまでが国域に含まれるのか、南限が決定的でないが、次の「不彌國」の国域と関連して、ある程度の予測はできる。

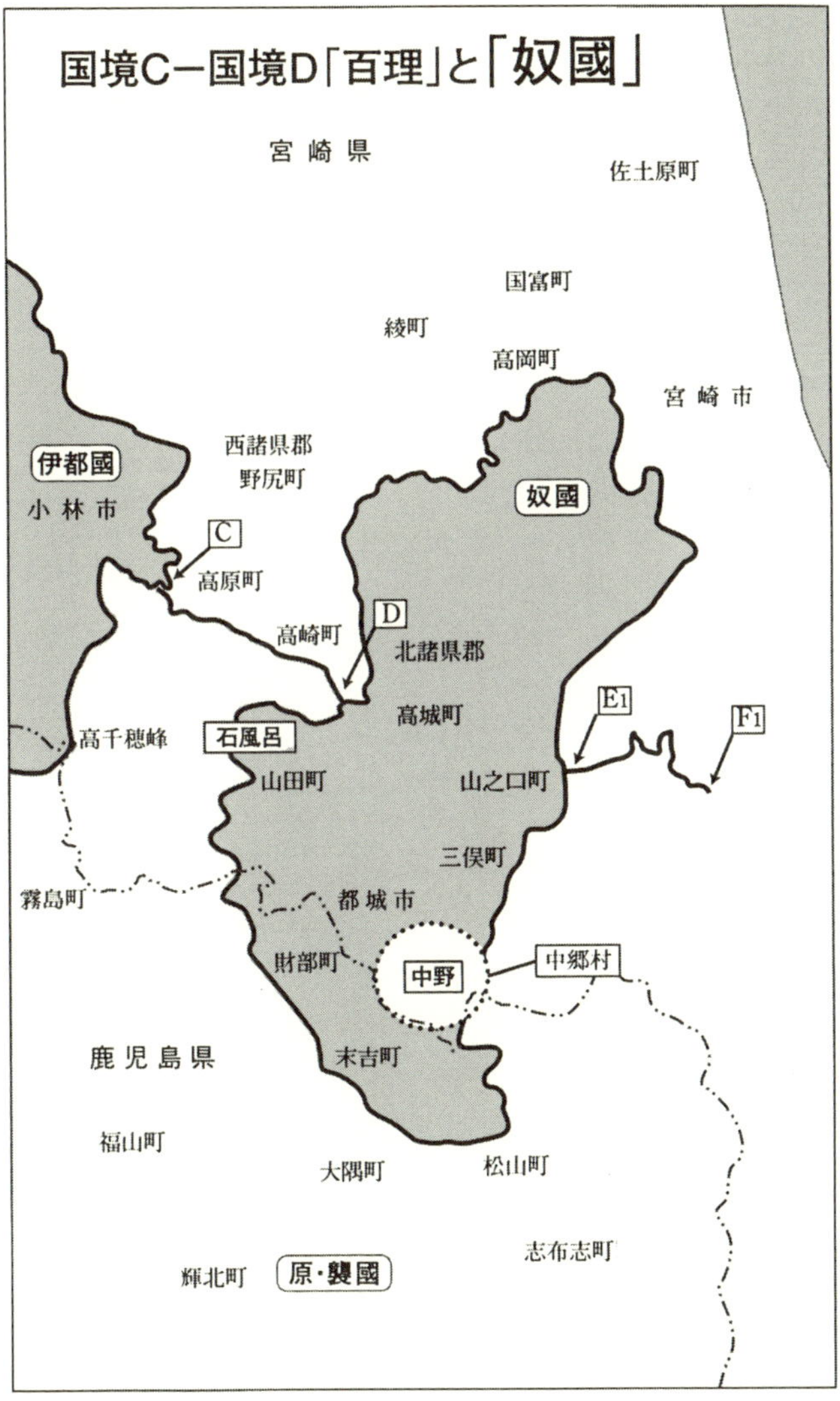
国境C－国境D「百理」と「奴國」
宮崎県
佐土原町
国富町
綾町
高岡町
宮崎市
西諸県郡
野尻町
伊都國
小林市
C
高原町
奴國
D
高崎町
北諸県郡
高城町
石風呂
高千穂峰
E1
F1
山田町
山之口町
三俣町
霧島町
都城市
財部町
中野
中郷村
鹿児島県
末吉町
福山町
大隅町
松山町
志布志町
輝北町
原・襲國

「不彌國」国域比定

「奴國」の国域は、都城盆地平野部と南に連なる地帯だと、大体分かってきた。『倭人伝』は次に「東行不彌國《ふみこく》に至る百里……」と指示しているが、その「奴國」国域から「東」に山越えする道が三つある。北側の国道二六九号線は、一度北東方向に北上して途中から南下、結果的には「東」の平野部（日南市域）に出るのだが、その山越え行程は迂回するので〝二百里〟以上となり、何よりも倭人たちの「東行……」の文面と違和感がかくし切れず、該当しないようだ。「東行……百里」に合致しそうな、中央の県道と南側の国道（二二二号線）は、どちらも山越えして行きつくところは、同じ日南市の平野部で、条件が非常に似ているので、二つを対比させながら検討してみる。

盆地の中央に位する県道を「東」進するには、三股町の平野部から山路に入ることになり、「東」に山越すれば、南那珂郡北郷町の山岳地帯だが、それから山を下って日南平野の最北西端〝郷之原〟に至る。そこから県道は南北に細長い谷間の平野部を南下して日南市域に入り、結局は日南平野の中央を東西に流れる広渡川の北岸地帯に沿って、海岸に出るようになっている。元に戻って、三股町・平野部の最東端〝E^1〟を、「奴國」の東側「徼」の仮地点とし、それから山越えした北郷町の郷之原付近を、「不彌國」の西側「徼」の仮地点〝F^1〟と仮定して、E^1—F^1間が「百里」＝（一五・二キロ）あれば、『倭人

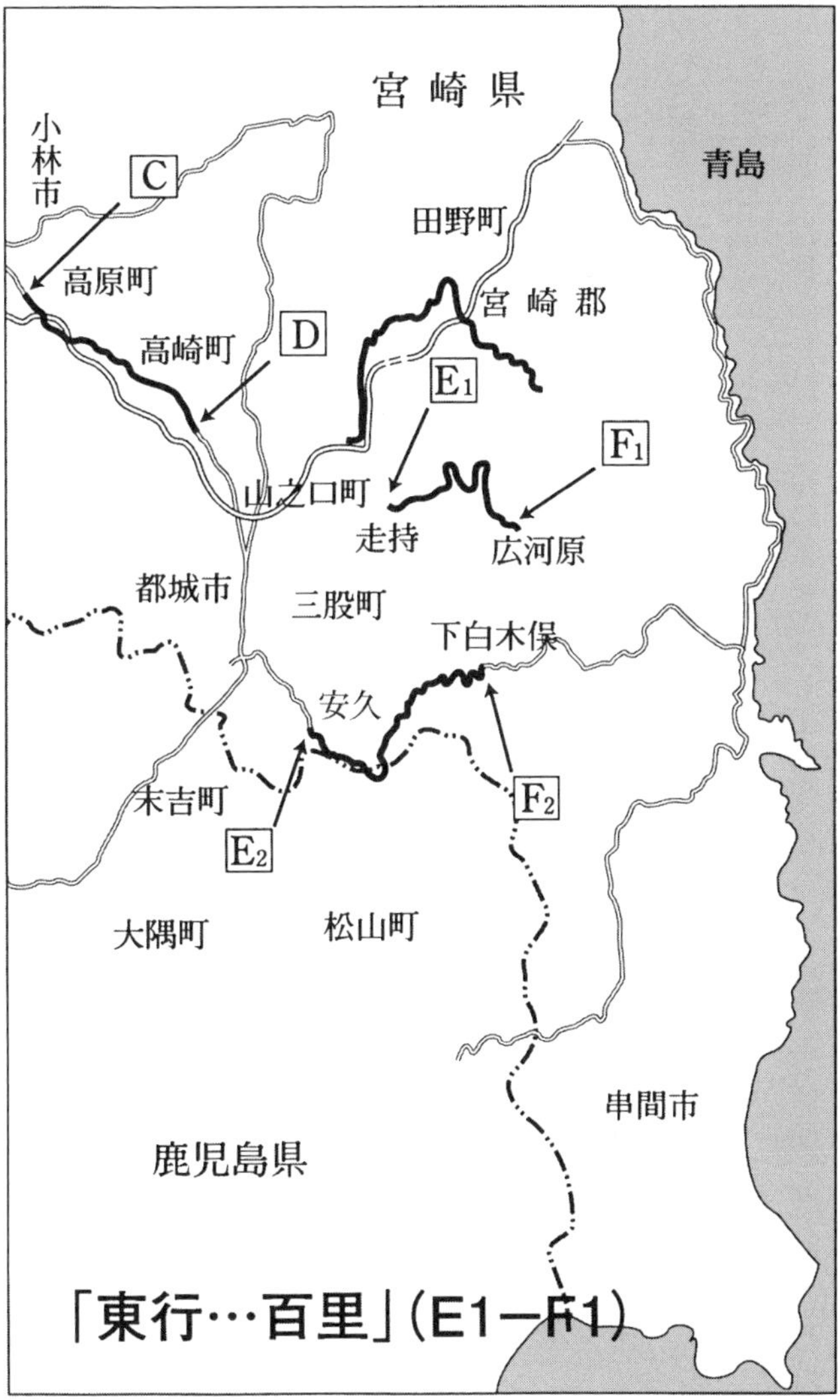

伝』と合致することになる。

『倭人伝』が表示している「百里」は、大雑把な感覚で大体百里ほどというような曖昧なものではなく、前の「五百里」でみるとおり、かなり精密に測っていると考えておかなければならない。仮に、「奴國」のE_1地点を三股町の山際の〝梶山〟とし、「不彌國」のF_1地点を郷之原と仮定して、キルビメータで測ってみると三〇キロもあり、「里数」に換算すると二百里弱となるので、〝E_1＝梶山―F_1＝郷之原〟の仮定は間違いだと分かってきた。それで、「不彌國」側の郷之原付近の地形を縮尺の大きい地図で詳しく見ると、郷之原は日南平野の最北西端に位するのだが、そこから更に西方向に、鰐塚山地・山頂に向かって狭い谷間の平野部が続いており、その谷間の狭い平野部を山頂に源を発する広渡川が流れて、それらに沿って県道も通過している。

したがって郷之原より更に西方に狭い平野部が連なっているので、それも「不彌國」国域だと考えてみると、狭い平野部の尽きるところ、〝広河原〟村落の尖端をF_1＝（不彌國の西側徼）と仮定してみることができる。F_1＝広河原より西方へ、逆にキルビメータを「百里」＝（一五・二キロ）だけ進めて止めると、そこは先の三股町梶山から山奥に入った山間の村落〝走持〟を指している。そこを仮にE_1（奴國の東側徼）として、北郷町のF_1＝広河原の尖端は平野部と山地の境界だから「徼」と考えても自然的であるが、三股町のE_1＝走持は明らかに山ばかりの中の村落だから、平野と山の境界を「徼」とする、予測していた状況と合致せず、不自然さはまぬがれない。

しかし、北郷町のF_1地点は、鰐塚山地・頂から東方向に流れてくる広渡川の源に近く位置しており、三股町のE_1地点も、同じ山頂より西方向に流れてくる沖水川（都城盆地の中央を流れる大淀川の支流）の源に近く、E_1、F_1ともに〝川の源〟という同じ条件下にあることが確認されるのである。この共通する地理的条件から三世紀という時代を考えてみると、河川沿岸は生活しやすく人が集まる。〝都城盆地〟自体は、囲まれた山頂から流れてくる支流が四方に二〇～三〇本、平野部を潤しながら中央部の大淀川に集まって北方向に流れている。E_1は盆地平野部から五キロほどの山中に位置しているが、支流の沖水川が流れて、その川岸や流域に人間の生活があったのではないか……と想像される。要するに、『倭人伝』が国域と考えている範囲は、その「国」の構成人が居住していることを条件としていると考えられ、主として人の住みやすい平野部で、無人の山地などは国域外である。だが山中や山奥であっても、その「国」の構成人が生活しておれば国内で、そこが「国」人が住んでいる最端地点なら、「徼」＝（国境）と考えている……と想像される。「奴國」の東側「徼」は三股町の山奥〝走持〟＝E_1で、「不彌國」の西側「徼」は北郷町の谷間平野・尖端の〝広河原〟＝F_1だと仮定してみると、E_1―F_1間がちょうど一五・二キロ＝「百里」で、E_1＝奴國の国境の真東にF_1＝不彌國の国境が位置していることになり、『倭人伝』の「東行……百里」に合致する。だがこの国域想定のやり方は、説明しているように、信頼できる「百里」＝（一五・二キロ）を根本の基準として、『倭人伝』の〝状況に合致する〟ように…現地の地形に基準「百里」を挿入しているので、それによって「徼」＝E^1―F_1を探り出しても、状況証拠として絶対的ではない。しかし、少くとも『倭人伝』とは矛盾しないので……可能性があるという程度の価値がある。絶対的でないE^1―F_1を決定的な状況証拠として提示するには、現地踏査による裏付けが必要だが、何せ、北陸から九州まで遠いもので、暇ができたら後日行くことにして、これとよく似た状況が南側の国道にも有る。

盆地の南端に位する国道二二二号線を「東」に山越えするには、都城市の建立寺の〝安久《やっさ》〟集落＝E^2から山に入り、一度東南方向に進んで途中から北東に進む、結果的には「東」方向の日南平野に、そこも谷間の狭い平野の尖端に位する〝下白木俣〟＝F^2に至る。E^2―F^2間は一七・五キロ、「里数」に換算して百一五里だから、『倭人伝』の「百里」にほぼ合致しており、「奴國」の東側「徼」であるE^2＝安久から見て、「不彌國」の西側「徼」のF^2＝〝下白木俣〟は、やはり「東」方向に位置している。一体、『倭人伝』の「東行……百里」は中央のE^1―F_1を指すのか、それとも南端のE^2―F^2間を指しての記録なのか、決定的な状況がない。

例えば、南側の国道・E^2―F^2を通過して日南市域に入り、さらに海岸方向に進めば、広渡川の〝南岸平野〟を通過しながら中心部の市街地に至り、そこから近い日南・主要港の〝油津〟に出て、「水行二十日……」することができて便利である。中央の県道・E_1―F_1を通過した場合は、日南市域に入り広渡川の〝北岸平野〟を通過することになるが、広渡川を渡ってしまえばすぐ市街地で、近くの油津港から「水行……」となるので、どちらも似たような状況だ。強いていえば、広渡川の北岸平野を通過するか南岸平野かの違いがある……それで、実は「不彌國」の痕跡が北岸平野地域に確認されるのだが、その状況は必ずしも北岸平野を通過する県道E_1―F_1を優位にさせないのである。

『倭人伝』の文字「不彌國」を、普通はフミ国と読んでいる。だが「彌《ミ》」は第1章で説明したように女王「卑彌呼《ヒジア》」の〝彌《ジ》〟であるから、不彌國《フジコク》とも読める。仮に、フジという地名を漢字で表記するには、現代風なら差しずめ〝不二・藤・富士〟などが用いられるはずだ？ということは、フジの音韻に対して中国人（倭人伝）は「不彌」を用いたが、日本人なら〝不二・藤・富士〟等を用いる可能性が強いから、『倭人伝』の「不彌」が現代日本風の〝不二・藤・富士〟に変遷している可能性を示唆している。日本風の三つの用字の中で、最も可能性の強いのは不二で、次が藤、三番目の富士は日本一の富士山が連想され、余りにも有名で日本的であるが故に敬遠され、期待できない。取りあえず地図上でそれら日本風のフジや、あるいは、フミ、または「不彌」から変遷したと想われる地名を探してみた。捜査範囲は日南平野と、平野を囲む山岳地帯全域、すなわち日南市・北郷町・南郷町の三市町村全域である。一つ一つの地名を手早く検討していくのだが、数が多くて妥当な文字が見付けにくい。それよりも……捜査範囲外になるが、南の隣接地帯に見えている〝志布志《しぶし》〟町の文字が気になる。そこは鹿児島県域で宮崎県との県境の地名だが、九州最南端の志布志湾に面しており、先の都城盆地の南に連なる平野部の最南端でもある。その音韻シブシが、『倭人伝』のフジ＝「不彌」と同調している風に聞こえる。

『倭人伝』の中国語「不彌《フジ》」を、日本的な漢文調で読んでみると、「不レ彌」＝〝彌《ジ》ナラ不《ズ》〟と読む。日本調は〝彌不〟で中国風は「不彌《フジ》」だが、二つの読み方を足して2で割ると、〝彌不《ジナラズ》〟足す「不彌」割る2は〝彌不彌《ジフジ》〟となり、現代の〝志布志〟と音韻が非常に似てくる。このように二つの読み方があり、先行して中国風に〝フジ〟と呼ぶ者が居り、別に新しく日本調に〝ジフ〟と呼ぶ者がいた場合、行政的に統一するには〝足して2で割る〟便宜的な方法は現代でも有る。もし、このような発想で「不彌」が志布志に変遷していると仮定してみると、その変遷過程には必ず〝ジブ〟と読む漢字が存在していなくてはならない、そのM・L《ミッシング・リンク》〝ジフ〟無くして、志布志に変遷する必然性がないからである。M・L〝ジフ〟の用字は多分〝彌不《ジフ》・志布《ジフ》・彌布《ジフ》…〟などで、その他〝ジフ〟と読める漢字が用いられていたはずだ、と予測してみることができる。それで、いつものことながら――このような仮定は、妄想に近い想像なので自信はないのだが、念のためにM・Lを探してみる気になってきた。地図上の〝志布志〟町域と、その域外周辺部でM・L〝ジフ〟に該当する地名を探したが、そのような文字は見当たらない。古文献の八世紀の〝記・

紀・風土記〟などにも記載がなく、十世紀（九二七年完成）の『延喜式』にもないようだ。だが同じ十世紀（九三四年）に編纂されたという『和名抄《わみょうしょう》』（我が国最初の百科辞典）に、M・L〝ジフ〟に該当する文字〝禰覆《ジフ》〟が記録されていた！（昭和六三年十二月二七日確認）
文献上の最も古い時代に、鹿児島県と宮崎県は、元は一体の国で〝日向《ひむか》〟と呼ばれていた――この最古の広範囲の国域を〝古日向《こひゅうが》〟と呼んでいる。その全域が三分割されて薩摩国・大隅国・日向国に区分されたのは、七世紀末から八世紀初頭にかけて完了されている。三国の国域を大雑把に地図上で捉えてみると、現在の行政区分と大きな変わりはなく、日向国は宮崎県の全域で、薩摩国は鹿児島県の県域を鹿児島湾で東西に分断している西側の薩摩半島全域で、大隅国は東側の大隅半島全域で、〝志布志〟は大隅国内の地名であることが分かる。
志布志町が属している大隅国が設置されたのは和銅六年四月（七一三年）で、その時は〝肝坏《きもつき》・贈於《そおう》・大隅《おおずみ》・始纙《あいら》〟の四郡であったが、のちに〝菱刈・桑原〟が増し、さらに〝馭謨《ごむ》・熊毛〟を加えて八郡となった。八郡の記載は『延喜式』も『和名抄』も同じである。『和名抄』によれば、八郡の中の一つ大隅郡域を七つの郷に区分して、〝人野・大隅・謂列・始臈・禰覆・大阿・岐〟の郷名を載せているのだが、それら大隅郡の比定自体もさることながら、七郷の比定もほとんど未詳となっている。その未詳である郷名の中に、

M・L〝ジフ〟らしき〝禰覆〟が記載されている？　もしそれがM・L〝禰覆《ジフ》〟なら、禰覆郷とは現在の〝志布志〟町域の古名だと比定できる！
漢字「禰」の漢音はデイ、呉音はナイ、慣用音はネまたはネイなので、〝禰覆《ネフ》〟または禰覆《ネイフ》・禰覆《デイフ》・禰覆《ナイフ》などと読んで正しい。それで……その文字の字源について『大字典』の説明は「形聲・親の廟。故に示扁。爾は音符」だという。漢字の構成原理（六書という）の形聲とは「己成文字を結合して、一半は意義を示して象形（天地・人物・器用・動植物等の形をうつせる絵文字）の性質を有し、一半は音符となりて聲音を表す…。」構造なので、「禰」は義を表す示扁と音を表す〝爾《ジ》〟を合成して作られた漢字だと分かるのだが、爾を音符とする「禰」は何故〝禰《ジ》〟と読まないのか？
念のためその音符として用いられている〝爾〟を調べてみると、漢音の①義音はジで、②義音がダイ、呉音の①義音はニで、②義音がネイとなっている〔①義音で爾《ジ》＝（漢音）または爾《ニ》＝（呉音）と発声した時の意味は〝汝《なんじ》〟などで、②義音で爾《ダイ》＝（漢音）または爾＝（呉音）と発声したときの意味は〝満ツ・衆ツ・華盛ナル貌〟などである。したがって同じ文字爾であっても、読み方によって意味が異なる〕
〝爾〟・漢音＝①義音ジ②義音ダイ　呉音＝①義音ニ②義音ネイ
〝禰〟・漢音デイ　呉音ナイ
慣用音ネ・ネイ音符として用いられている〝爾〟の音韻と、それを用いて合成された文字「禰」の音韻を対比させてみると、合成文字「禰」の音は、音符〝爾〟の②義音を採用していることが分かる。したがって「禰」の意義内容には①義音の意味＝汝……などの意味は無く、②義音の意義内容を含有して〝親の廟・父の廟・行主〟の意義を作っていると判断される。とすれば、「禰」には①義音の意味がないのだから、①義音を用いて「禰《ジ》」または「禰《ニ》」と読んでは間違いだといえる。正確に言えばそうだ。

しかし、十世紀の「和名抄」を編纂した日本人は必ずしも正確に「漢字」を用いているとは限らない。地名や人名を表記するにあたって、「漢字」の意義内容は全く無視して音韻だけを便宜的に利用するわけだから、「禰」の音符である爾の、漠然とした内容の②義音よりも、意味のはっきりした①義音を仮借して、「禰《ジ》」と読んでいると、解釈できる。

何故ならば、仮に②義音の「禰《ネイ》」または「禰《ダイ》」、あるいは漢音の「禰《ディ》」・呉音の「禰《ナイ》」を用いて郷名〝禰覆《ネイフ》・禰覆《ダイフ》・禰覆《ディフ》・禰覆《ナイフ》〟などと読めるが、それらの音韻から変遷したと想像できる音韻の文字や地名が、現在の地図上で確認できず、それよりも②義音で〝禰覆《ジフ》〟と読むことによって、その文字にM・Lとしての地位を与えて〝志布志《シブシ》〟の古名であるといえ、また郷名禰覆《ジフ》は現在の志布志町域に比定され、最終的には「不彌國」の痕跡だともいえて解決できるからである。

尚、『倭人伝』の女王・卑彌呼の「彌《み》」を〝彌《ジ》〟と読んだのと、『和名抄』の「禰《ね》」を〝禰《ジ》〟と読むのと状況がよく似ているが、同じではない。前者の「彌」には〝渡《ワタ》ル〟意味があり、音符となっている「爾《ジ》」にも近いという意味があるので、明らかに表意文字として、ヤマタイ国の中に混入している中国人＝通訳が使用しているが、後者は全くの日本人、あるいはすっかり和人化してしまった帰化人が、漢字の意義とは無関係に表音文字として使用しているので、「漢字」に対する中国人と日本人の接し方に、体質的な格差があって、やはり異なるのである。

そして、前者の場合は、中国の古代において「彌《み》・禰《ね》」を〝彌《ジ》・禰《ジ》〟と読んだ時代が、あるいは地方音があったのではないかという事情を示唆しており、後者の状況はその古代中国の地方音、その音韻は三世紀の呉音よりも古く、紀元前後の漢音よりも古い、「漢字」が合成された初期の根源的な音韻だと想われ、それを踏襲しているわけだが、現在の今でも中国古代の数字音〝一《イチ》・二《ニー》・三《サン》・四《シー》……〟を用いている現代日本人と一脈通じながら、何事か重大なものを示唆しているのである。それは多分、先に触れた〝瀚海《かんかい》に流されまいと必死に浮かんでいる対馬……〟が、今日の日本人に語り伝えようとしている〝真意〟に接触していると、予感される。――ML〝ジフ〟に該当する文字〝禰覆《ジフ》〟の確認により、地名〝志布志〟は『倭人伝』の「不彌《フジ》國」から変遷してきた、その痕跡であることが分かりかけてきた。

志布志の江戸末期の用字は〝子布志〟なので、「不彌《フジ》國」から〝志布《シブ》志〟までの地名変遷・過程は大体次のようになるようだ。

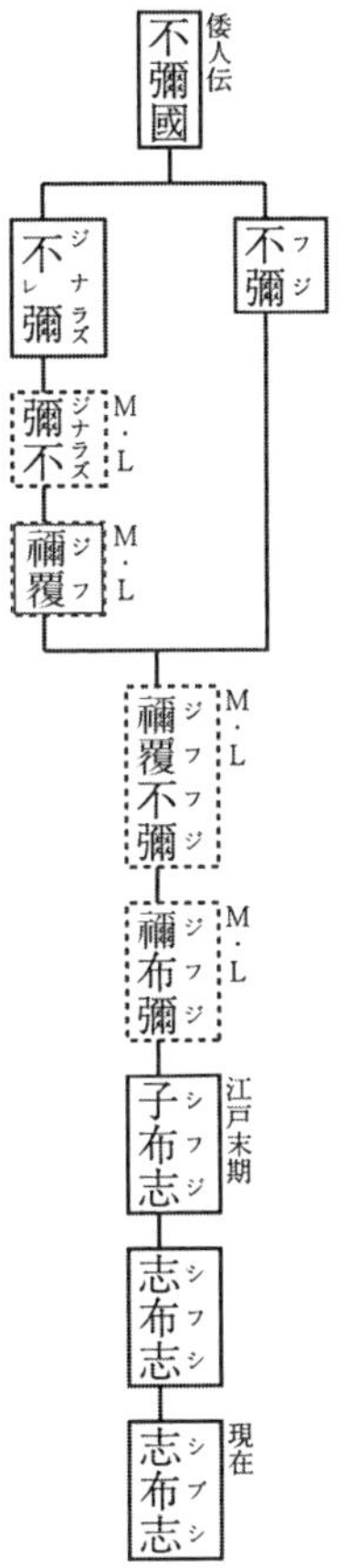

しかし、志布志が「不彌國」の痕跡だとすれば、志布志町域が「不彌國」の国域ということになるが、それは違う。『倭人伝』は「奴國」＝（都域盆地・平野部）の「東行……百里」に「不彌國」があると説明しているのに、志布志は「奴國」＝都城盆地の南に連なる平野部の最南端にあり、真南に位置している。
　地図で見ると、志布志は九州最南端で、その志布志湾よりさらに「南……水行二十日」。するには、誠に都合のいい条件の地勢なのだが、『倭人伝』の記述と合致しない。このように記述と現地とが異なる状況から、結論的に考えてみると、〝志布志〟が「不彌國」の痕跡であることが間違いないとすれば、「奴國」の「東」にあった「不彌國」が、後の世に南に移動して、残した痕跡であり、『倭人伝』二五〇年頃のそこには「不彌國」は無かったと判断されるのである。もし二五〇年頃のそこに「不彌國」があったものなら、「東行……百里」とは記述しなかったはずだろうし、勿論そこが「奴國」の南に連なる平野部の最南端だからといって、「奴國」の国域でもない。そこが「奴國」国域内なら、こ

とさら面倒に「東行……百里」して「不彌國」に至る必要はなく、直接「奴國」の志布志湾から「南……水行二十日……」すれば良かったはずだ。すなわち、そこは「不彌國」でもなく「奴國」でもない、別の国が存在していて、ヤマタイ連合国の支配下に属さない地帯だと想像されるのである。

ヤマタイ連合国の支配下に属さないという状況は、実は八代に上陸してすぐ「東南」方向の山中に入り、「草木茂盛し、行くに前人を見ず。……」という地勢の山間の隘路《あいろ》を通過しながら、小林盆地―都城盆地―日南海岸に出る、すなわち九州を斜めに横断している〝点と線〟を繫ぐような〝腑に落ちないヤマタイ国人たちの行動の中で、すでに感じとれる情勢なので後述するが、「奴國」＝都城盆地から南下して志布志湾に出ようにも、そこには支配下に属さない「別の勢力」が蟠踞《ばんきょ》していて、通過することができなかったと解釈される。――二五〇年頃の志布志町域が「奴國」でないという条件は、「奴國」の南側「徼《きょう》」を限定することになる。例えば、都城盆地の南に連なる平野部の最南端の志布志町域が「別の国」と仮定して、地図上の地形を見ながら、南に連なる平野部を区分している各町域を見ると、大体の見当がつくのである。すなわち〝盆地〟の南はすぐ鹿児島県域で……末吉町だが、そこは「奴國」で、次に南に隣接している松山町の北側の一部分までが限界だと想われる。したがって、「奴國」の南側の「徼」は、末吉町と松山町の北側部分とが、境界をなしている〝大隅町〟との町界地帯だと、暫定的に予測しておくことができる。この、今暫定的に予測してみた「徼」以南に位置する、大隅町・松山町南部・志布志町・有明町・大崎町などは皆、現在は〝曽於郡《そお》〟に区分されている状況から考えて、これらの地域は四世紀初頭頃の〝襲國〟(景行天皇十三年五月〝襲國《そのくに》〟平定…『日本書紀』)国域と考えられるのである。すなわち、二五〇年頃「奴園」の南にあって「徼」=国境をなし、ヤマタイ国人たちの通過を阻んだ「別の国」とは、『日本書紀』が伝えている襲國だと判断されるが、さらにこの状況は、ヤマタイ国人たちが南下することができなかった事情と、それから七〇〜八〇年後の景行天皇がはるばる〝襲國征伐〟をしなければならなかった情勢と、全く同じものだという可能性を示唆しているのである。さらにその状況を逆手にとって「別の国」=襲國側からヤマタイ国人や景行天皇を見れば、同じ敵なので、だから同じ者だとすれば、七〇〜八〇年の時間差を考慮して、ヤマタイ国人と景行天皇の関係は、先祖と末裔ではないかという可能性が浮上してくるのである。

この視点は、日本・古代史にとって、まだ薄暗い〝神話〟の中に埋もれている史実を、歴史という陽の当たる場所に繰《く》り込めるので、重大な効果が期待できるわけである。

「不彌《フジ》」音と同調して聞こえる志布志《シブシ》は、そのとおり「不彌」の痕跡に違いないと想われるが、後代のもので、二五〇年頃の「不彌國」は、やはり都城盆地の「東」に位する日南平野部域に……その痕跡を残しているはずのものだが? 地図上で、平野部・中央を東西に流れる広渡川の、南岸地帯・平野部には中心部である市街地や主要港の油津(港)があり、生活条件に恵まれた地域だが、それらしき「文字」の地名が見当たらない。さらに北岸地帯・平野部を、河口から川沿いに東から西の上流に向かって、それから北上するように山間の狭い平野地をつき進んでみると、そこは北郷町のF１地点に近く、〝大藤〟の地名が見えている。

その地名から〝大〟の字を省けば、確かに〝藤〟と読めるのだが、大の字を省くだけの根拠がないので、決定的に痕跡だとは言えない。

これで日南平野部と周辺の山岳地帯のほとんどの地名を見てきたのだが……がっかりしながら、残った海岸線の地名・文字を確認していった。広渡川河口以北の海岸は、山がすぐ海にせまって平野らしきものがなく、道路だけが崖ぶちに造られたように地図に描かれている。それでも少数の人々の生活があるらしく、村落の地名が記されていて、河口より北へ順に、平山、風田、田辺、蔓迫、立石、鳥居峠、大浦、……〝フジ〟音と共鳴するような文字がない。さらに北へ、日崎、小吹毛井、鵜戸崎、鵜戸神宮？　妙な気配がして鈍い緊張感が五体のどこかで感じているようだ。倭人伝の「不彌國」を探している地域に、日本の古代史と密着している「神話」の舞台となっている〝鵜戸神宮〟があり、それが接触してくるのは何故か……。鵜戸神宮の概況は大体次のように説明されている。

『太平洋に突出した鵜戸崎の突端、長い石段を下った海べりに、荒波で浸食された大洞窟のなかに鎮座している。崇神天皇の時、鸕鷀草葺不合尊《うがやふきあえずのみこと》・以下六柱の神を、この洞窟内に祀ったのが始めという。また伝えによると、彦火火出見尊《ひこひび》（山幸彦）は、海底の綿津見《わたつみ》神の宮から釣針をもち、みごもった豊玉姫をともなって地上に帰った時、渚に鵜の羽で葺いた産室をつくらせたが、まだ葺き終わらない内に王子が誕生した。これが鸕鷀草葺不合尊《うがやふきあえずのみこと》で、この地が皇子誕生の地という。

また鵜戸神宮は剣法発祥の地と伝えられ、境内には記念碑が建っている。足利時代、洞窟にこもってあみだしたのが剣法・陰流で、これが源流になって、新陰流などが派生したという。」

それらの説明の中に「不彌國」を連想させる文字や物語はなく、日本・古代史と関連していて『倭人伝』と全く無関係のようにも想われた。

しかし、強いて関連付けるとすれば、祭神名〝鸕鷀草葺不合尊《うがやふきあえずのみこと》〟七文字の中に、「不彌國」の「不」と同じ文字〝不〟が用いられているくらいなもんだが？　はたしてそれが実際に関連しているものやら。この時点では、「不」と不の同一性みたいなものが示唆する意味の分からない何事かを、五体の何処かで感じながら、意識的には〝無関係なんだろう〟と判断して、さらに北へ地名を探していった。とはいえ、そこから宮崎市境界まで僅か五～六カ所の地名しか残っていない。見込みはほとんど無いまま、それでも北へ……宮浦、小目井、富士…、富士＝〝フジ〟が在るッ！

何故だー、こんなところに何故日本一の文字〝富士〟が、いやこの文字にちがいない！

とうとう見つけた。あまりにも有名な文字なのでとても期待しなかったのだが、その「不彌國」の痕跡であるはずの、〝富士〟を見つけたのである。

「不彌《フジ》國」の痕跡“富士《フジ》”

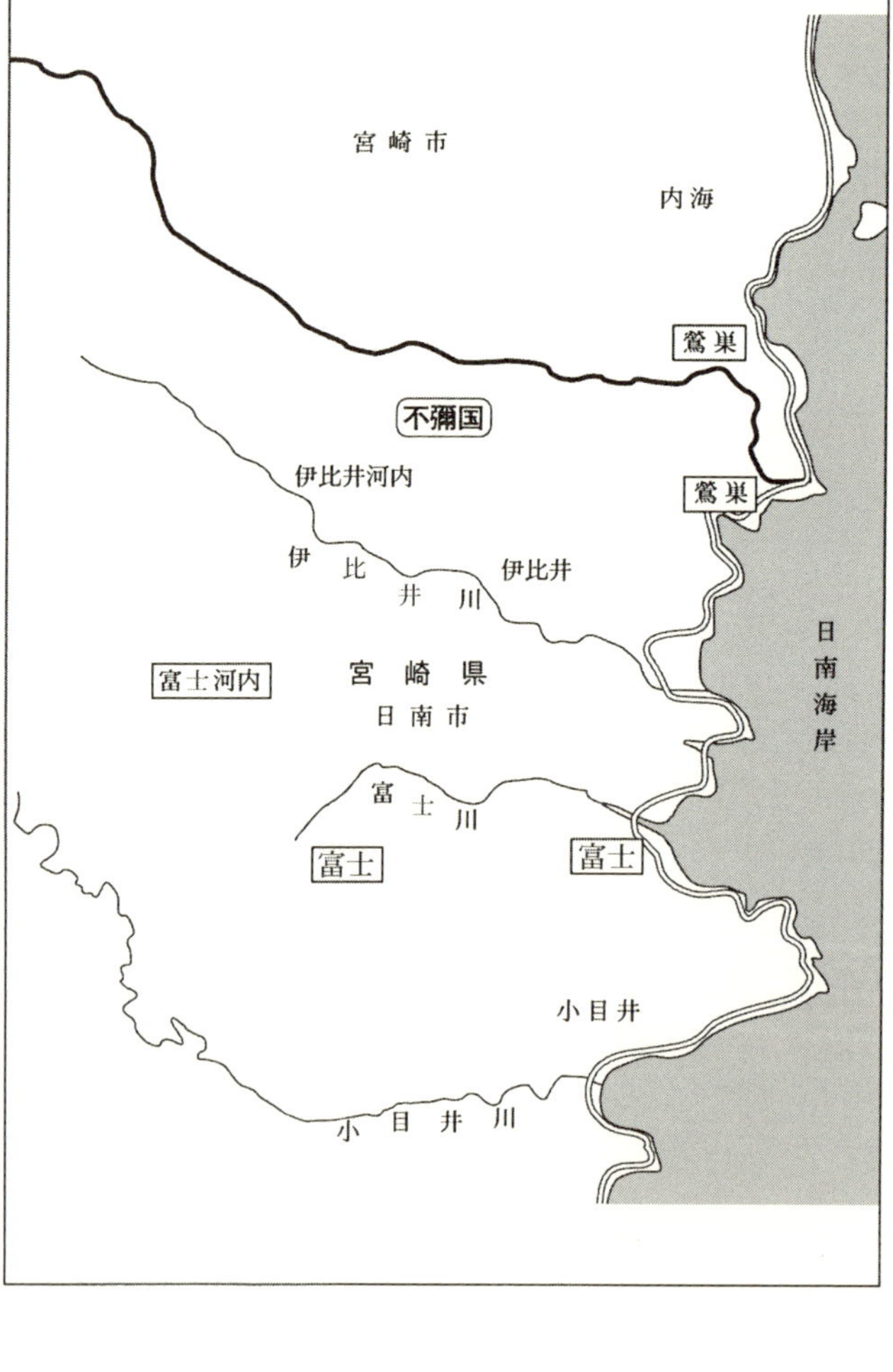

地名〝富士・藤・フチク〟

海岸の小さな村落、〝富士〟は宮崎市境界の南二〜三キロ地点にあり、日南市域の北端に位する辺地である。市境界に最も近い村落が鷲巣村で、その南に伊比井村があり、次に〝富士〟村があるが、最北端の市境界の地名鷲巣は、富士と共に重大な音韻を内在していると想われる。

海岸の富士周辺の地勢を見ると、富士から西方向の山頂に向かって細い道路が通じて、山頂近くの村落が〝富士河内〟で、海岸の富士から山頂の富士河内までの山岳地帯の一円の地名が、やはり富士となっている。細道を山越えしてしまえば北郷町域で、細道は郷之原に至るが、郷之原は「不彌國」の西側国境（「徼」）かも分からないＦ１地点の東に近く、また先に見た大藤も郷之原の南に隣接している。この地勢と地名の位置関係から考えて、大藤の藤は、やはり富士から派生してきた文字であり、それが正しければＭ・Ｌとして〝大富士〟が想像されることになるが、状況は逆に、藤から富士に変遷する場合もあり、あるいは藤と富士は別々に、直接「不彌」から変遷してきたものかもしれない。いずれにしても〝藤〟と〝富士〟は、「不彌《フジ》」を媒介にして関連していると想像されるのである。

さらに、江戸末期の地図で〝フジ〟の痕跡を探してみると、片仮名で〝フチク〟の地名が、広渡川の河口付近平山―風田地域で確認されるが、その音韻フチクは多分、中国音の〝フ

ジクォ＝（不彌國）か、日本訓みの〝フジクニ〟＝（不彌國）からの転訛だと考えられ、
これらの地名富士・大藤・フチクの確認により、「不彌國」の変遷過程は大体次のように
想像される。

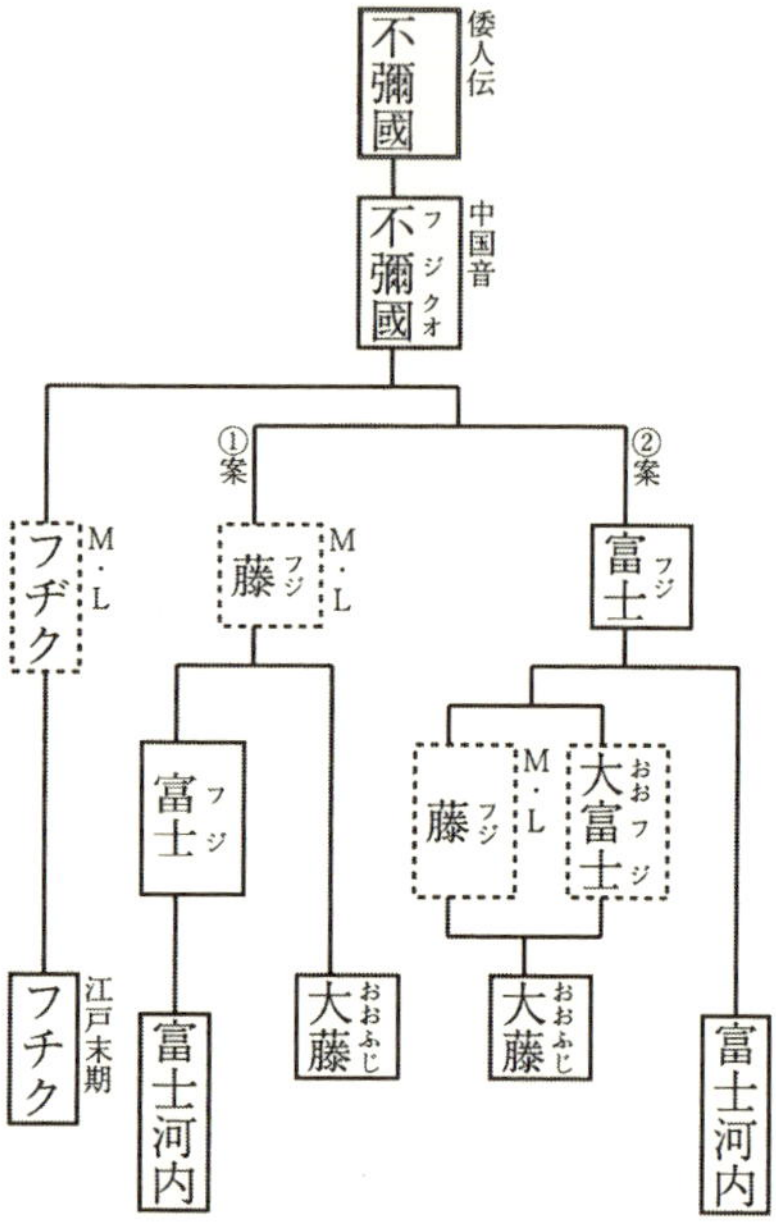

それらの痕跡〝富士・富士河内・大藤・フチク〟などは皆、広渡川の北岸平野部の地域に限られている？　大雑把なコンパス方式で富士などを確認した頃は、古い痕跡は山間の村落や遠く離れた海岸の寒村など、辺地に残りやすく、市街地や主要港があり立地条件に恵まれた南岸平野部地帯は、いつの世も開発が先行して、新町名・地名が採用されて古い

物が消えてゆくのが常だから、現代の中心部・市街地周辺部に痕跡が確認されなくても、辺地に残っている痕跡を以って「不彌國」の国域は、日南市域と市域の北側に接する北郷町および南側に接する南郷町全域が範囲だと考えられて、さらにそのように想い込んでもいい別の状況もあったのである。

長官「多模《たも》」と〝飫肥《おび》〟村

別の状況というのは、『倭人伝』が曰う「官を多模と曰い、副を卑奴母離と曰う。千餘戸あり」の説明により、「不彌國」を直接に監察・支配しているのは、長官の「多模」と呼ぶ人物だと分かるが、その文字を普通多模《たも》と読んでいる。「多」の日本訓みは〝オホ〟であるから、それで多模と読んでみると、日南平野部の古代からの中心地であった〝飫《お》肥《び》〟（地名）の音韻と似ていることに気がついた。さらに「模《も》」の呉音は〝モ〟であるが、漢音は〝ボ〟であることが分かり、それで読むと「多模《オホボ》」となり、いよいよ〝飫肥〟音と似てくるので、長官「多模《オホボ》」から現在の地名〝妖肥〟までの変遷の条件を考えてみた。

〝オーボ〟が訛って〝オビ〟になったと言えば、そんなもんかと想えて、なんとなく分かったような気もするが、今まで説明してきた地名のほとんどのものが、漢字を媒介にして変化し、訛ったように見えている。一つの言葉の音韻が訛る事例は数多いので、それと同じように訛ったと考えるのは軽卒ではないか。そのように判断してしまえば真相から遠ざかって、行き詰まるのではないかと、不安を覚えるのである。やはり漢字を媒介にした変遷過程を想像しなくてはならない。

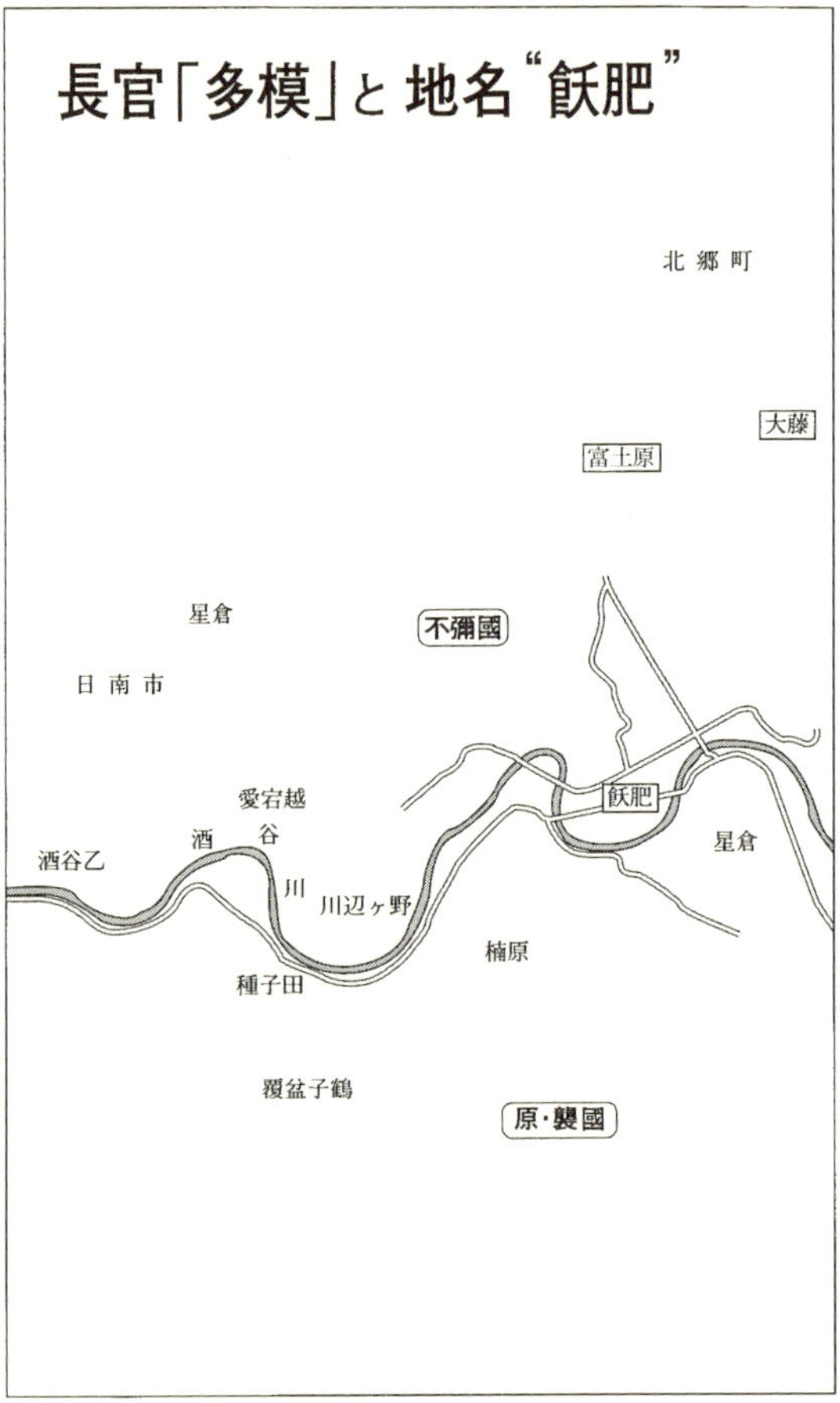

例えば、「多《オホ》」が飫《お》（呉音）に変遷する状況に問題点がないが、「模《ボ》」が〝肥《び》〟に変遷す

るには一個以上の漢字が媒介しているはずであり、その文字は〝ボと読めて、ビとも読める〟ものである。『大字典』でそのように読める漢字を探したが見当たらず、替わりに〝ボまたはブ〟と読めるものが二個見つかった。簿と菩であるが、二文字とも多様な音韻を含んでいる。
簿《ぼ》＝ボ（慣用音）・ブ（呉音）・ホ（漢音）・ハク・バク・ボク・ヘキ・ビヤク　ＢＵ（北京音）
菩《ぼ》＝ハイ（漢音）・バイ（呉音）・ホク・ボク・ブ・フウ・ホ・ボ・ＰＵ（北京音）
肥《び》＝ヒ（漢音）・ビ（呉音）・フェイ（ＦＥＩ）（北京音）
簿《ブ》・菩《ブ》の音韻なら〝肥《び》〟音に近くて転訛しやすいと考えたわけだが、二文字に内在している各種の音韻を、肥《ひ》内在音と対比させてみると、菩《ぼ》の方が肥に近似して同質の音韻を含んでいることが分かる。すなわち、肥の漢音呉音は〝ヒ・ビ〟だと『大字典』は表記しているが、現在の北京音（ＦＥＩ）〝フェイ〟を参考にして考えてみると、『大字典』が日本的な発声音で〝ヒ・ビ〟と記していても、実際の漢・呉音は〝ヒイ・ビイ〟、または〝ヒェイ・ビェイ〟だった可能性が考えられるわけである。
　飫肥の文字は十世紀初頭の『延喜式』に記されているが、古代の国・郡制が布かれた大化の改新（六四五年）や風土記編纂（七一三年）の八世紀前後の頃に、すでにその文字が存在していたものなら、その頃の音韻は必ずしも日本的な発声音の〝オビ〟とは限らないのである。七世紀から十世紀にかけて、漢字の読み書きができるほどの人は、帰化人かその末裔だとすれば、日本的発声音ではなく、本来の中国音、呉音〝ビェイ〟を用いて〝オ・ビェイ〟＝飫肥《オビェイ》と表記している場合が想像されるからである。さらに現地日南平野において、風土記の編纂に協力する者がいたとすれば、そこは三世紀以前からヤマタイ国人が往来しているので、その中の中国系通訳や同行の魏國人、または前代の後漢人、さらに前の前漢人などの末裔が残留しており、その人たちなら尚さら、日本的でない中国音〝肥〟を用いるはずである。このように〝飫肥《オビェイ》〟と表記したと想像される古文献や現地の地名を、後代の人が日本的発声音の肥《ビ》を以って、〝飫肥《おび》〟と読み、あるいは呼んだりしていると解釈できるのである。したがって、〝オ・ビェイ〟の発声がしにくいので、〝オビ〟に訛ったのではなく、漢字肥の中国音が日本表記音に置き替えられた、と考えた方が正確である。結果的には飫肥《オビェイ》が〝飫肥《おび》〟に訛ったといいたいだろうが、訛ったという曖昧な語彙は便利であっても、この場合真相を覆いかくそうと作動してくるので、やはり危険さえ感じてしまうのである。具体的には、その他の事例に転用できないからであるが、それは霊感者の再現できない予感・予言と似ており、それ以下の次元で発想されているといえる。

　何故ならば、霊感者は無意識下で予感・予言が導きだされる経過・過程を計算しているが、訛ったという発想下では、それさえ省略されて放棄してしまっているからである。その本来の呉音ビェイを速く発声してみると、その音韻は〝菩〟の呉音〝パイ〟とほぼ同音となるので、その漢字をM・Lと仮定して、変遷過程を予想してみることができる。

『倭人伝』の「多模」から現在の地名〝飫肥〟までの変遷過程を予想してみたことにより、倭人伝二五〇年頃の長官「多模」の痕跡であることに、ほぼ間違いないと想われた。その古代からの中心地・飫肥は、広渡川河口から西へ遠く離れた山際に位し、そこから北郷町のF^1地点へ行くにも、南側のF^2地点（下白木俣）へ行くにも、そして河口の海岸に出るにも便利で、地理的に日南平野と周辺山岳地帯の真ん中に位置しており、その中心地に長官「多模」が居たとすれば、その統轄圏域は日南平野と周辺山岳地帯・全域（日南市・北郷町・南郷町）に及ぶであろうと想われた。そして「不彌國」の痕跡が辺地にしか残っていないのは、前に説明したとおりだと納得していたのである。しかし今……、不彌國の人口は「千餘戸」だというのだが、その人口密度にしては前の全域は多少広すぎると想われ、広すぎるという予感の中では、辺地にしか残っていない痕跡の、前に説明した状況とは異なる真相らしきものが？　さらに『倭人伝』とは無関係であるはずの〝鸕鷀《うがや》草葺不合《ふきあえずの》尊《みこと》〟の神名さえ絡んでくるので、追及してみる。
「千餘戸」といえば五〇〇〇～六〇〇〇人程度か……。現在の日南平野部・周辺の日南

市・北郷町・南郷町には七万三〇〇〇人の人たちが住んでいるが、三世紀と比べて一三倍、はたしてこの倍数は妥当なのか？

「末盧國」の場合は約五倍、「伊都國」は七〜八倍、「奴國」は二・五倍ほど、それらと比べれば一三倍の比率は少々大きすぎる感がしないでもない。とはいえ、各々の地域の立地条件が異なるから、栄華の都が廃墟と化す事例もあれば、ゴールド・ラッシュのように爆発的な人口増加もあり、現在の人口との比率を以って、国域の妥当性を云々するのも芸のない話だ。しかし、他の国々の地域と比べて比率値が〝大きすぎる〟という予感と、それとは別の状況である痕跡が北岸平野部と周辺にしか残っていないという条件を重ねてみると、「不彌國」の国域は前に説明した全域ではなく、その痕跡が残っている地域……すなわち北岸平野部と周辺に限られるのではないか、という懸念が発生してきたわけである。

もしそうなら、三世紀の人口五〇〇〇（＝「千餘戸」）に対し、前の全域の北側半分の人口比率が大雑把に六〜七倍ということになり、他の国々の比率状況と似てくるので違和感がなくなる。とすると、前の全域の根底にあった長官「多模」の痕跡……〝飫肥〟の地理的な位置が不自然になる。そこは確かに全域の中心的な位置だが、他の痕跡が皆広渡川の北側なのに、長官の痕跡飫肥だけが何故か広渡川の南岸地帯に位置しているからだが、改めて飫肥の位置関係を地図上で確認してみると、その不自然さはすぐ解ける。

日南平野の中央を、西の山際から東の海へ流れる川が二つあり、並行して流れながら河口少し前で合流し、一つの川となって海にそそいでいる。並行的に流れる北側のものを広渡川といい、南側のものを酒谷川というが、合流して一つになってしまった川を広渡川といっている。したがって、行政的には広渡川が本流で酒谷川を支流として、地図上に表記されていることになる。それで、山際の飫肥は、広渡川と酒谷川に挟まれた地域なので、行政上の本流・広渡川の南岸地帯に位置しているが、同時に支流・酒谷川の北岸平野部に属していることにもなり、この視点はさらに、前の「不彌國」の痕跡や長官「多模」の痕跡飫肥などは皆、酒谷川の北岸平野部と周辺に残っていると解釈されることになる。そのように考えてみると、長官の痕跡〝飫肥〟の位置に、不自然さが無くなり、結論的に、日南平野の中央を東西に流れて、北岸平野部と南岸平野部の二地区を分断している川は、本流の広渡川ではなく、支流の酒谷川だと判断できるのである。

以上の視点から、まず「不彌國」の国域は前に説明した全域ではなく、酒谷川以北の北岸平野部と周辺、区分的には日南市の北側半分と北郷町に限定して、比定できる。したがって、日南市の南側半分と南郷町は国域外で、ヤマタイ連合国の支配下にない別の国だと考えられるのだが、そこら一帯は多分、「奴國」の南に在ってヤマタイ国人たちの通過を阻んだ国、すなわち後代の〝襲國《そのくに》〟勢力圏内にあるものと想われる。

「不彌國」の国域をそのように比定してみると、奴國から不彌國に至る「東行……百里」

のコースは、中央のE_1―F_1コースが決定的となる。何故ならば、南側のE_2―F_2コースを通過しようとすれば、距離的に若干遠まわりすることになる事情もあるが、何よりも酒谷川の南岸地帯と接触しながら進むことになり、そこらはヤマタイ連合国の配下にない、仮想敵国地帯（原・襲國）と考えられるので、不用意に危検を冒すはずがないからである。

鸕鷀草葺不合尊《うがやふきあえずのみこと》

次に、「不彌國」国域内における長官「多模」の居る位置、すなわち〝飫肥〟の、国域全体に対する配置状態を想像してみると、国境線である酒谷川のすぐ北岸に居て、対岸の仮想敵国・原襲國と対峙し、副官「卑奴母離《ひなもり》」らの協力を得ながら国家経営にあたっている風に見える。その場所（飫肥）は、前に説明した全域の地理的中心部にあり、全域を支配するに格好の拠点となり得る地点だから、地勢・状況から考えて、後日――『倭人伝』の二五〇年頃よりそれほど経っていない時期に、南岸平妻なども征服していったであろうと想像に難くないが、『倭人伝』の頃は未だ「不彌國」の勢力が対岸まで浸透していない時期だったと解釈できる。その最前線、危検が予測できる国境地帯の飫肥に居を構えて陣どり、対岸を牽制しながら、あるいは虎視眈々と、南岸平野部に睨みを利かしている長官と副官の姿を想いうかべてみると、「不禰園」のこの情勢では、割と安全な後背地に位する辺地の〝富士〟付近、そこは平野部から遠く離れた海岸の一寒村だが、そこら辺りで生まれたという〝鸕《う》鷀《が》草《や》葺不合尊《ふきあえずのみこと》〟と名乗る、『倭人伝』とは全く無関係であるはずの神様が、微妙な立場に立って絡んでいる気配がして……。何かあるッ！

神名と国名に用いられている文字「不」と〝不〟の同一性、そして「不彌國」国域内で誕生したこと自体が、たとえ時間が前後していたとしても、「不彌國」の存在と無関係ではあり得ないではないか！

その辺地の一寒村で生まれた神様は、「伊都國」国域内の高千穂峰に降臨したという天孫〝ニニギノミコト〟の孫で、将来は日本平定の野望を遂げた〝神武天皇〟の父にあたる偉い人、それほど高貴の人なら、生活条件が良くて文化的な平野部に生まれて偉張っておればいいものを、それが遠く離れた海辺の寒村に……。

国勢・状況から見て安全といえば安全だ。いや、「不彌國」が未だ日南平野部と周辺全域を掌中に収めていない状況と、本来ならば平野部に居ていいはずの高貴の人が辺地の寒村に居る状況と、やはり何処かで一脈通じあっていることを示唆している。無関係であるはずの〝神話〟と『倭人伝』を重ねて、「不彌國」国域内の〝神様〟と「長官」の居場所の配置関係から推測して、そのように想像されるのだが、後日の〝神武東征〟を絡ませてみると、〝神様〟と「長官」の配置関係の意味が逆になり、後背地の北岸平野部を「長官」に固めさせ、最高支配者の〝神様〟が、辺地の富士あたりからさらに北方に展開されている宮崎平野を窺《うかご》うている風にも見える。一体、「長官」と〝神様〟の関係は、はたしてそのような主従関係なのであろうか。

『倭人伝』の「伊都國」の条項では、長官や副官とは別に「世有王皆統屬女王國」＝（世々王有るも、皆女王国に統属す）と説明されているので、「伊都國」の「王」は「女王國」＝（ヤマタイ国）に従属していることが分かっており、その状況から考えて、中央官選の「長官」と地元・世襲制の「国王」は、直接の主従関係ではないと判断せざるを得ない。「不彌國」の場合もそれと同様なら、両者の位置関係から想像した二つの解釈・状況の、前者に該当し、〝神様〟は最高権者として実質的に安全な場所に置かれているか、あるいは疎外されて辺地に追いやられているか、どちらかということになる。しかし、それでは〝神様〟の子供である神武天皇の〝東征〟の偉業の根源にあるはずの、武力等エネルギー原泉の出所が曖昧で分からなくなり、前者の解釈・状況だけでは辻褄が合わなくなる？　それで、実際には想像された二つの状況が共に真相であることもあり得る。

例えば、倭人伝二五〇年頃に魏國人やヤマタイ国人たちの往来があり、それらの勢力が優勢であった頃は前者の状況であったが、ヤマタイ国・女王の死後、ヤマタイ国や魏國の政変により往来が途絶え、九州にとり残された支援のない残留者の武力が、地元の「世有王」の正統性を主張する勢力と合体し、あるいは優劣の逆転により「世有王」＝（〝神様〟）の配下に繰り込まれて後者の状況となり、それが後日の〝神武東征〟エネルギーの原泉となった、とも想像され、その状態はさらに後代の〝朝廷と隼人〟の関係に似ているのである。もし、『倭人伝』の「長官」と神話の〝神様〟が、想像したような関係ならば、「不彌國」や「多模」と、神名〝鸕鷀草葺不合尊〟が、どこかで繋がっている可能性があり、何よりもその証拠となる痕跡を探しだすことが先決である。その手懸かりはあるッ。

「不」と〝不〟の同一性……その一文字に有り！

　国名「不彌國」の中の文字「不」と、神名〝鸕鷀草葺不合〟――（語尾の称号〝尊〟を省く）六文字の中の〝不〟と、同じ意味あいの文字だとすれば、その他にも両者に共通する内容の文字があって良いはずだ。

　その二番目の共通文字はすぐ分かる。国名の中の「国」と、神名の中の〝合〟だ。「国」の北京音は〝ＧＵＯ＝グオで、〝合〟の慣用音は〝ガフ〟なので、「国《グオ》」が同じ音韻の〝合《ガフ》〟の文字で表記され、あるいは置き替えられて変遷していると考えられるのである。尚、この変遷が逆に〝合〟から「国」に転誰する状況や可能性がない。それ故に二五〇〇年頃の「国名」が先行していて、〝神名〟はその二五〇〇年頃以降のものと、時間・年代を限定してくることになりかねないので、この段階ですでに重大な接点あるいは視点だと、予想される。さらに、〝神名〟六文字の中に「国名」三文字の中の二つまで共通する文字「不」と〝不〟・「国」と〝合〟――があったとすれば「国名」に残った一つ「彌」に共通する文字が、〝神名〟の残り四文字の中にあるにちがいない。「彌《ジ》」と同じ音で読めるのは、

〝鷀〟（呉音）だが、その文字の配置場所が、前の共通二文字〝不・合〟と別の文字＝無関係としか想われない〝草・葺〟の二文字を挟んで、分断されて表記されている意味が分からず、不自然である。

「国名」　不《フ》彌《ジ》國《グォ》
〝神名〟　鸕鷀《ジ》草葺不《フ》合《ガフ》（尊）

「彌」と関連しているのは〝鷀〟でなく、共通二文字〝不・合〟のすぐ上に記されている〝葺《シフ》〟ではないか！　即ち〝神名〟の六文字は、琉球王朝の「名島の制度」と同じく、支配地域の主邑名（地名＝村名）を家名（神名）としており、その地名である六文字は〝二村併称〟である可能性が強くなってきた。二村併称というのは、隣接した二個以上の地名を連称する習慣で、本土の場合、例えば陸奥・出羽、湖南・湖北の類。ただしその場合には、連称される二地名は同等の性質及び価値を有し、その問何の軽重もない。琉球の場合はそれと異なり、併称される地名の下の方が主体であって、上は単に意味を限定するだけの役しか勤めていない。〝神名〟の六文字が、本土式か琉球式か分からないが、その二村併称であった場合、上・三文字と下・三文字は別々の地名だということになる。とすると、下・三文字〝葺不合〟が一個の地名であり、その中の二文字までが「不《フ》彌《ジ》國《グォ》」の二文字と共通しているのだから、残りの一文字、「彌《ジ》」と〝茸《シフ》〟が何らかの関連があるはずである。この追及しなければならない状況と同時に、上・三文字〝鸕鷀草〟は前者に隣接した地名であるから、「不彌國」の痕跡と想われる現在の〝富士〟に隣接して、あるいはその周辺に〝鸕鷀草〟の痕跡がなければならない事になるが、その地名は割と簡単に見つかる。

地名富士は日南市域の北端部に位置した辺地だが、その少し先に〝伊比井〟と〝鶯巣《おうさ》〟の村落があり、鶯巣が宮崎市との市境界のある最北端なので、それは「不彌國」・最北端の国境地帯の地名ともいえる。その地名の語尾・文字の漢音が〝巣《サウ》〟なので、神名・上三文字〝鸕鷀草〟の語尾音〝草《サウ》〟と音韻が同じである。もし、地名〝鶯巣《おうサウ》〟が神名〝鸕《?》鷀《?》草《サウ》〟から変遷した文字だと仮定してみると、現・地名の頭文字〝鶯《おう》〟は、神名の上二文字〝鸕鷀〟から変遷してきたはずである。それで、〝鸕鷀草〟が〝鶯巣〟に至る変遷過程を考えてみるのだが、神名の最初の文字〝鸕の漢音がリョで呉音がロである。次の文字〝鷀《う》〟の漢音はシで呉音がジであり、どちらの文字の意味も〝ウの鳥〟のことなので、日本訓みはどちらも〝鸕《う》〟〝鷀《う》〟である。したがって、最初の文字の〝音と訓〟と、次の文字の〝音と訓〟を上手に組み合わせて、現在の〝鶯〟に至る変遷過程を組み立ててみればいい……。尚、現在の〝鶯〟の漢音はアフで呉音はヤウなので、現在音、〝鶯〟は漢音〝アウ〟を踏襲していることが分かる。

地名・語尾字　巣…漢音サウ・呉音ゼウ

神名・上・三文字　草…漢音　呉音サウ
地名・頭文字　鶯…漢音アフ・呉音ヤウ・現地音おう
神名・上―一字　鸕…漢音リョ・呉音ロ　・訓　う
〃　上―二字　鷀…漢音シ・呉音ジ　・訓　う
地名の頭文字〝鶯〟の音訓と、神名上二文字〝鸕〟・〝鷀〟の音訓を比べて、なんとか似ていると思われる音韻は、地名〝鶯《ヤウ》〟と神名〝鸕《リョ》〟である。しかし、〝リョ〟を用いて神名二文字を続けて読むと、鸕鷀《リョシ》または鸕鷀《リョジ》〟となるが、その音韻〝リヨシまたはリョジ〟から、〝鶯《ヤウ》・鶯《アフ》―鶯《おう》〟などに直接変遷するとは考えられない。ところが…神名上二字〝鷀〟だけを日本訓みにして二文字を読んでみると、〝鸕《リョ》〟、〝鷀《う》〟〝リョウ〟となり、地名〝鶯〟と非常に似てくるのである。したがって、この〝音と訓〟混合方式で変遷過程を創造して組み立ててみると、大体次のようになる。

神名・上三文字

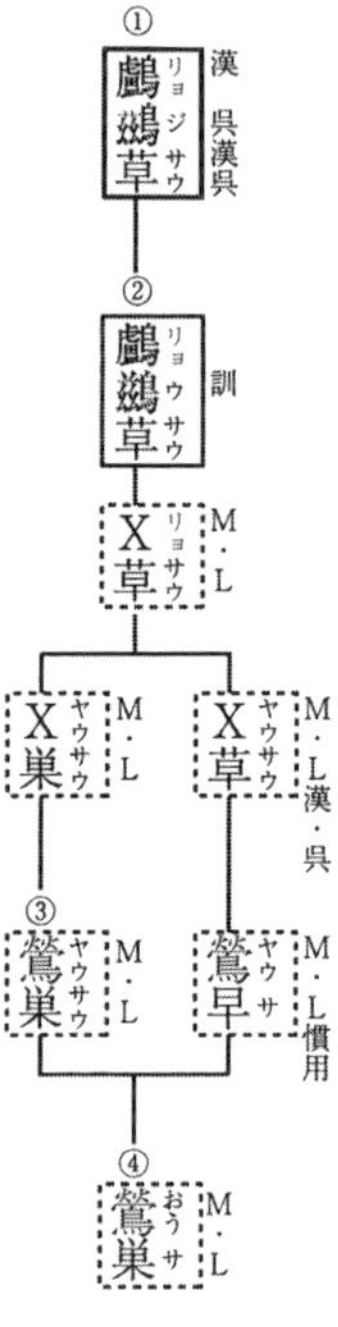

●神名が創造された初めの頃、その上三文字は皆音読みの①〝リョジサウ〟だったものが後日、音訓混合の②〝リョウサウ〟と読むようになったのか、それとも最初から②〝リョウサウ〟として創造されたのか、この一例だけでは分からないが、多数の事例を検討すれば大凡の判断ができると予想される。
●②〝リョウ・サウ〟から直接、③〝ヤウ・サウ〟に変遷したと仮定してみると、その原因は文章でなく〝音韻〟という事になる。すなわち、〝リョウ〟が訛って〝ヤウ〟（ヨー）と呼ぶようになり、その〝音韻〟に該当する文字〝鶯《ヤウ》〟が選ばれて置き替えられた、と説明できる。実際にそのように訛って変遷する場合もある。しかし、地名や語彙・言葉さえ〝漢字を媒介にして変遷する〟視点を重視すれば、やはり②から③までの変遷過程にM・L〝X〟が想像されるのである。その漢字〝X〟は、〝リョ〟または〝ヤウ〟とも両方に読める文字である。
●〝巣〟の音は〝ザウ・ゼウ〟であり、現地の音のように〝巣《サ》〟とは読めないはずだが、何故〝サ〟と読んでいるのか？〝サ〟と読めない文字をそのように読んでいる原因は、やはり、〝サまたはサウ〟と両方に読める文字が媒介していると想像され、――例えば〝早《サウ》・早《サ》〟（漢呉音サウ・慣用音サ）――この事例の場合は、隣接する鶯早《ヤウサ》村と鶯巣《ヤウサウ》村が合併した新地名が、文字は〝鶯巣〟を、音韻はもう一つの村名〝ヤウサ〟が採用されて〝鶯巣《ヤウサ》〟になったものか、あるいは前に説明した沖縄の事例のごとく、〝首里は元スイと呼んでいた〟と同じように、新地名〝鶯巣《ヤウサウ》は元ヤウサ（鶯早）と呼んでいた〟と古老たちが伝え、若者たちもそれを伝え、結果として〝鶯巣《ヤウサ》〟――〝鶯巣《おうさ》〟と読んでいると考えられる。

その変遷過程の想像により、「不彌國」国境（現・市境界）の地名〝鶯巣《おうさ》〟は神名・上三文字から変遷してきた文字であると判断していいとすると、その下に連記されている下三文字〝葺不合〟は、地名〝鶯巣〟に隣接したところの地名である可能性がいよいよ深まるわけだが、勿論それは隣接地に在る、「不彌《フジ》」から変遷してきたと想像される〝富士〟地帯を指すことになる。

そして前に説明したように、神名・下三文字〝葺不合〟の中の二文字までが「不彌國」の二文字と同じ音韻であることが分かり、それ故に残りの一文字、神名の〝葺〟と国名の「彌《ジ》」が、なんらかの関わりがあって関連している可能性が強いわけである。

漢字「彌」と〝葺〟の、音・訓・義を対比させて共通点をさぐると、似ているのはやはり音であると想われる。葺の漢音・呉音ともに〝シフ〟で北京音はＱ〝キィ〟である。その葺を用いて神名・下三文字〝葺不合〟を読んでみると、〝シフ・フ・ガフ〟となる。この段階で仮に、頭文字のそれを〝葺《ジ》〟または〝葺《ジフ》〟と読めるものなら、「彌」から直接に変遷した文字だと言えるのだが、その可能性がないわけでもないので、これを一案として説明するが、正しく〝シフ〟と読んでいるなら、「彌《ジ》」から〝葺《シフ》〟に変遷する間にＭ・Ｌ

を想定して、変遷過程を想像してみることができる。それを二案とする。
●一案……漢字〝葺《シフ》〟は艹《くさ》かんむりと〝咠《ささやく》〟の合成文字であり、艹《くさ》は義を表し〝咠《ささやく》〟は音符である。〝咠《ささやく》〟の漢音は〝シフ〟で呉音は〝イフ〟なので、〝葺〟は音符である。〝咠《ささやく》〟の漢音、〝シフ〟を踏襲している訳である。その音符となっている文字は、口を耳につけてササヤクことから、〝口〟と〝耳〟二つの文字を合成して〝咠〟が創られていて、二つの文字の義が採用されて音は無関係なのである。
（〝口〟の漢音コウ・呉音ク、〝耳〟の漢音ジまたはジョウまたはニョウ呉音ニまたはニョウ）したがって、〝口〟〝耳〟〝艹《くさ》〟の文字が組み合わされて創られていった過程で、各々の義の採用・音の採用の組み合わせの中に混乱はなく、出来上がった〝葺〟の音は〝シフ〟なのである。もし仮に〝ジ〟と読んだ場合は一〇〇パーセント間違いだと、一応はいえる。しかし、間違いを犯しやすい要素が、〝義を採用〟したはずの文字〝耳〟の、音韻――漢音のジ――に内在していることが窺えるわけである。例えば、これらの漢字の構成原理・字源・義・音などを調べている『大字典』自体が――大正六年初版の『大字典』の編者自身が――奇妙な、矛盾したような説明をくりかえしている。すなわち、〝葺〟の瓣似（形が似ているので錯誤し易き文字がある場合は瓣似の欄に、主文字との比較説明がされている）の欄に〝茸〟が注記され、次のように説明されている。

「(瓣似)……茸(ジ)は別、耳の音符」

それで、説明されている瓣似〝茸〟の音と同じ音を同『大字典』で調べてみると、漢音はジョウ・呉音はニュで、──〝茸〟の読み方はなく──字源の説明は次のとおり。

『艹《くさ》と聴の省畫の合字。草の茂り盛なる貌、故に艹冠、聴は音符』(聴…漢音ソウ・呉音ス)

前者ではフリナガを付けて『茸《ジ》』と読「耳」が音符であると説明していながら(耳の漢音ジ)、後者では『漢音〝茸《ジョウ》〟・呉音〝茸《ニュ》〟』で、前者のような〝茸《ジ》〟の読み方についての説明がなく、『茸《ジ》・茸《ジョウ》』の音符として採用されている文字は〝耳《ジ》〟ではなく、「聴《ソウ》の省畫・耳《ソウ》』だというのである。少し矛盾していないか、一見して混乱している風に感じとれる。

大字典の編者ともなれば、それ以上に漢字に詳しい者はなく、二つの説明の中に、根本的な間違いはない筈だ、にもかかわらず何故、混乱的に見えるのか。

この混乱したような状況の、起因となっているのは確かに〝耳《みみ》〟の漢音〝耳《ジ》〟が作動していると予想され、諸々の混乱状況を想像してみて、結果的に編者自身の、錯誤=A状況か、説明不足=B状況か、どちらかであるといえる。

A状況…編者自身が、〝ジ〟と読めないと読めない文字『茸《ジョウ》・茸《ニュ》』を、音符である〝耳〟の漢音〝ジ〟に惑わされ、勘違い錯誤して『茸《ジ》』と読んでしまった。

B状況…大正初期の頃に、実際に『茸《ジ》』の読み方があり、その音は、漢・呉音とは別に慣用音として—（慣用音…漢・呉両音のほか、従来用いてきた唐・宋音及び我が国にて使用し慣れたる音）—『漢音茸《ジョウ》・呉音茸《ニュ》」の説明と同時に『慣用音茸《ジ》』も表記しておかなければならないものを、編者のうっかりミスにより、収録されなかった。

A状況だと仮定してみると、日本の漢字学の権威でさえ音符〝耳《ジ》〟に惑わされ錯誤するのだから、それと同じ状態で『茸《ジ》』の瓣似である…古代の神名〝葺《シフ》〟も、やはり錯誤により〝茸《ジ》〟と読んでいる可能性があるわけである。

B状況だと仮定してみると、少し屈折した面倒な説明となる。まず、漢音『茸《ジョウ》』は音符である〝耳〟の漢音〝ジョウ〟を踏襲し、呉音『茸《ニュ》』は〝耳〟の呉音〝ニョウ〟を、慣用音『茸《ジ》』は〝耳〟の漢音〝ジ〟を踏襲していることになり、それで前者の説明『…耳の音符』だという状況と合致していることになる。しかし、それでは後者の説明『〝耳〟は聰の省畫…聰は音符』だという。すなわち〝耳〟の音は聰の漢音〝ソウ〟が呉音〝ス〟—聰《ソウ》・聰《ス》—でなければならないのに、そのように説明していながら、本文説明は『茸《ジョウ》・茸《ニュ》』になっていて、さらにうっかりミスの『茸《ジ》』を付加しても、やはり後者の「説明」が意味を成さず、混乱していることが分かるが、何故か？

それで、『茸《ジョウ》・茸《ニュ》・茸《ジ》』と形がよく似た文字『咠《シフ》』と『葺《シフ》』が有り、どちらの音も〝シフ〟であるが、混乱していると考えられる後者の「耳《ス》」の用音を、その二個の瓣似に当てはめてみると、〝シフ〟と〝ス〟の音韻が非常に似ているので、『咠《シフ》・葺《シフ》』を音符としている文字は、〝耳《ジョウ》・耳《ニュ》・耳《ジ》〟ではなく、「聰の省畫〝耳《ス》〟」だと判断され、無意味な後者『耳《ス》』の説明を、二個の瓣似『咠《シフ》・茸《シフ》』の字源説明の中に持ち込めば、それで妥当な説明となる。このことから考えて、字源説明の混乱は編者のミスか、あるいは編者が考証の基としている中国側の用例・漢籍、または日本側の古い辞書類（『和名抄』『新撰字鏡』『字鏡集』『節用集』）等のミスに依るものだと予測できる。以上の視点から、編者または原本のいずれのミスであっても、二個の瓣似の音韻は、正しくは『咠《シフ》・茸《シフ》』であり、〝ジ〟とは読めない事になる。しかし、『茸《シフ》』の瓣似に〝茸《ジ》〟が挙げられている状況の裏をかえせば逆に〝茸《ジ》〟と形が似ているので、――正しくは〝シフ〟としか読めないのに――〝茸《ジ》〟と読んでいた事例が度々あったことを示唆しているわけである。その錯誤の起因となったものは、「茸《シフ》」の音符である『咠《シフ》』が錯誤により〝咠《ジ》〟と読んだためか、または『茸《シフ》』の基礎・音符である「耳《ス》」を錯誤により〝耳《ジ》〟だと勘違いして――（『咠《シフ》』を〝咠《ジ》〟と錯誤する原因・状況も同じ）――結果として〝茸《ジ》〟に、あるいは両字の錯誤が共に作動して〝茸《ジ》〟と読んでいると想像され、簡潔に、古代においてA状況と同じ錯誤があり、それが習慣的に踏襲されて大正時代まで継承されてきた、ということになる。

以上二つの想像から結論的に、A状況・B状況ともに日本側の錯誤により、神名〝茸《ふく》〟を〝ジ〟と読んでいる可能性が考えられるので、もしそうなら、神名〝茸《ジ》〟は国名「彌《ジ》」から直接に変遷した文字だといえる。

● 二案……神名〝葺《ふく》〟が、正しく〝葺《シフ》〟と読んでいたものなら、国名「彌《ジ》」から神名〝葺《シフ》〟に変遷する過程に、M・L〝志《ジ》―志《シ》〟を想像してみることができ、その変遷過程は大体次のようになる。

神名・下三文字

不《フ》彌《ジ》國《グオ》
｜
彌《ジ》不《フ》國《グオ》
｜
志《ジ》不《フ》合《ガフ》　M・L
｜
志《シ》不《フ》合《ガフ》　M・L
｜
葺《シフ》不《フ》合《ガフ》
｜
葺不合《ふきあえず》　神名

● M・Lの頭二文字〝志不《ジフ》〟は、前に説明した「不彌《フジ》」から〝志布志〟までの変遷過程の中で予想していたM・L〝ジフ〟に該当する文字であり、前に確認できたそのM・L〝禰覆〟と同じ過程段階に位置する文字だと考えられ、それから変遷した神名〝葺不《シフ》〟は、M・L〝ジフ〟＝（志不）の痕跡だといえる。
● なお後代の日本人が神名〝葺《シフ》不《フ》合《ガフ》〟の語尾二文字〝不《フ》合《ガフ》〟を、日本的・漢文調に返り点を付し――〝不レ合〟――それを〝合不《あえず》〟と読んでいることは、国名「不彌《フジ》」を〝彌不《フ》〟と読む可能性の、根拠となる日本的発想の事例として提示できるわけである。
一案と二案、どちらが正しいか分からない。いずれにしても、一案なら神名を〝葺《ジ》不《フ》合《ガフ》〟と読み、それは「不《フ》彌《ジ》國《グオ》」の日本的・読み方の〝彌《ジ》不《フ》國《グオ》〟からの変遷であり、二案なら神名を〝葺《シフ》不《フ》合《ガフ》〟と読み、それもM・L〝志《ジ》不《フ》〟を媒介にして、やはり「不《フ》彌《ジ》國《グオ》」からの変遷だと考えられるのである。したがって、神名・下三文字〝葺不合《ジフガフ》〟または〝葺不合《シフフガフ》〟は、「不彌」から変遷してきたと想像される〝富士〟地帯を指す、人名＝地名だと判断される。

神名〝鸕鷀草葺不合《リョジサウシフガフ》〟の上三文字は、現在の市境界地点の地名〝鷲巣〟を指し、下三文字が前者の南に隣接する地名〝富士〟地帯を指す状況から考えて、その神様〝鸕鷀草葺不合尊《うがやふきあえずのみこと》〟は両地域の支配者であり、「名島の制度」の〝二村併称〟で表記された尊称＝人名だと考えられる。それで、その神様の支配地域〝鷲巣―富士〟地帯は、「不彌國」全域から見れば平野部から離れた〝辺地〟に位置し、割と安全な後背地だと見られるが、「不彌國」の北方に展開している〝宮崎平野〟を仮想敵国と見れば、そこは最前戦の国境地帯であることは前に説明した。そして今、神名〝葺不合《ジフガフ》〟または〝葺不合《シフフガフ》〟は国名「不彌國《フジグオ》」から変遷した文字だと判断してみると、「不彌國」は二五〇〇年頃に存在した文字であるから、神名〝鸕鷀草葺不合尊〟の文字は二五〇〇年以降に創造されたことになり、その状況が神様の年代決定に重要な手懸かりを提示するのである。この重大な視点は、神様の祖父にあたる天孫「ニニギノミコト」の〝高千穂峰・降臨〟の時期と、神様の子供である〝神武の東征〟の年代決定に作動し、三神の〝祖父と父と子供〟の時間的関係を上手に調整してやれば、各々の年代がかなり精密に算出できるのではないか、と予想される。

「不彌國」の国域・比定を完了してみると、それによって「奴國」よりの山越えコース、すなわち『倭人伝』の「東行……百里」の道程は、盆地・中央の県道だと分かり、また「奴國」国域の南限は、盆地・南側に連なる鹿児島県域の〝末吉町・松山町（北部）〟だと分かってきた。しかし『倭人伝』の「奴國」の人口「二萬余戸有り」＝（約一〇万人前後か）に対し、〝都城盆地〟と南に連なる〝末吉町・松山町〟を加えた人口は二一万人ほどで、その比率は一対二強、他の国々の比率に比べ、未だ「奴國」の国域が狭すぎる感がする……？

それで、「奴國」の痕跡だが、それはすぐ分かった。現在の地図を見ると、〝都城盆地〟から中央の県道を通って山越えすると、そこは〝南那珂郡の北郷町〟である。その南は〝日南市〟域で、さらに南が、また〝南那珂郡の南郷町〟、すなわち南那珂郡は日南市により北郷町と南郷町に分断されているのである。この変則的な行政区分は、元々日南市域も南那珂郡の中央部に位置する同郡内の街だったものが、〝郡〟の中央部を流れる広渡川・酒谷川の流域の発展により、中央部の街々が合併して市制（昭和二五年）が敷かれたため、そのように分断したような区分になったもので、要するに元は北郷町・日南市・南郷町の全域が、単一の行政区分〝南那珂郡〟だったのである。その郡名の頭文字南は、区分用語であり、北や中央に対する南区の意味であるから、何よりもまず、行政・区画用語の南那珂郡の基礎となっている地名は、〝那珂〟だと分かる。そして「奴國」と〝那珂〟……前者の「国」は漢音・呉音ともに〝コク〟で、北京音は〝グォ〟なので「奴國《ナコク》・奴國《ナグォ》」と読めるが、その音韻は後者の〝那珂《なか》〟と似ているので、「奴國」から〝那珂〟までの地名変遷が想像される。しかし問題点は、「国《コク》」から〝珂《か》〟の変遷である。

漢字〝珂〟の漢音・呉音ともに〝カ〟なので、正しくはやはり〝那珂〟としか読めないのである。しかし、漢字〝珂〟は王と可の合成文字で、音符となっているのは〝可〟であり、その音符〝可〟の漢音は〝カ〟だが、慣用音は〝コク〟だと『大字典』が説明している。すなわち古い日本人は、その慣用音〝可《コク》〟を意識して、それを音符として合成された文字〝珂《か》〟も〝コク〟と読み、したがって〝那珂《ナコク》〟と読んでいるものと想像されるわけである。このような〝読み方〟は、日本人の便宜的な身勝手と考えることもできるが、それよりも実際に古代の中国において、漢音・呉音とは別に〝珂〟と読む地方音や古音が存在しており、それを古い日本人が踏襲しているのではないかともいえる。

以上の想像から、「奴國」から〝那珂《なか》〟までの地名の変遷過程はごく簡単に、奴國《ナコク》―那《ナ》珂《コク》―那珂《なか》である。

それにしては「奴國」は二五〇年頃に〝都城盆地〟に在ったはずだが、その痕跡と想われる地名〝那珂〟が、その〝盆地〟に無くて山越えした隣接地……そこはもと「不彌《フジ》國」があった場所だが、〝そこで〟確認されるのは、何故か？　それは、次に述べる状況の中で解読されて納得できるのだが、その状況を見ると、結果的には〝地名が各地を移動している〟ので、現時点では〝そこに〟定着しており、それ故に行政・区画用語「南那珂郡」

の中の文字〝那珂〟が、やはり「奴國」の痕跡だといえるのである。

行政・区画用語の、頭文字〝南〟は区分用語であるから、その〝南那珂郡〟と区分されているはずの、北か東か西か、それとも中央か分からないが、とにかく前者と別の〝何々那珂郡〟がどこかにあったはずである。それを各種歴史書・事典などで追ってみると、まず、〝南那珂郡〟の北側地域が〝北那珂郡〟であったが、明治二九年（一八九六）に北那珂郡だけが現在の宮崎郡に吸収・合併されており、即ち〝南那珂郡〟は、今は吸収されて無くなってしまった〝北那珂郡〟（現在の宮崎郡の南端部）と区分されていたのである。

そして、〝南那珂郡〟と〝北那珂郡〟は元々一個の行政区分〝那珂郡〟であったのだが、明治一七年（一八八四）に〝南〟と〝北〟に分割されたために二個の区分用語となっており、したがって分割前の、明治一七年の〝那珂郡〟は現在の、日南市を含む南那珂郡と宮崎郡の南端部地域だと分かるのである。さらに、この明治一七年の〝那珂郡〟は割と新しいものであり、最も古い八世紀前後の頃の〝那珂郡〟があって、その場所は現在の宮崎市住吉・宮崎郡佐土原町から、一ツ瀬川北岸の児湯《こゆ》郡東南部（新富町・富田地方）地帯だと分かっている。

この古い〝那珂郡〟から前の新しい那珂郡まで、八世紀から一九世紀の間各々の時代の〝那珂郡〟があり、各々の区分地域も若干の差異があることも大体分かっているが、簡単にいえば、古い八世紀の〝那珂郡〟が時間に沿って南下傾向をたどり、結果として新しい

〝那珂郡〟の場所に移動して、現在は区域を縮小しながら〝南那珂郡〟の中で定着しているといえる。だとすると、この状況では、現在の〝南那珂郡〟の中の地名の文字〝那珂《なか》〟は、場所は転遷しているが、八世紀の郡名〝那珂郡〟の中の文字〝那珂〟の痕跡だといえる。そして、その八世紀の文字〝那珂〟は、前の地名の変遷過程により〝那珂《ナコク》〟と読めるのだが、それは三世紀の〝都城盆地〟にあったと想われる「奴國《ナコク》」と、どのように関わるのか、その手懸かりが、最も古い八世紀の〝那珂郡〟周辺の状況の中にあるとみられる。

この章でのポイント

・「伊都國」の比定では、『倭人伝』の「五百里」という国々の中心部から中心部までの距離を示す現代方式ではなく、「楽浪郡徼……」の徼（キョウ）という国境から国境までの距離を示す記述方式の「徼から徼まで」によって行った。その結果、伊都國は、宮崎県小林市全域を含む、小林盆地であると比定できた。
・「奴國」は、伊都國から東南百里の地点を徼によって比定することで、その国域は都城盆地全域とその南に連なる平野部の一部と比定することができたが、そこには、現在の那珂郡も含まれている。
・「不彌國」は、普通フミ国と読んでいるが、『倭人伝』の「不彌」は、現代日本風では「不二、藤、富士」などが用いられ、変遷している可能性が示唆されていた。
・「不彌國」の「彌」は、宮崎県日南市にある「鵜戸神宮」に鎮座する〝鸕鷀草葺不合尊〟という神名の「葺」と関連性がある。それは両字ともに「ジ」という共通性を持ち、そのことから、〝鸕鷀草葺不合（尊）〟が不彌國から変遷したもので、現在の日南海岸地域を国域とする。
・投馬國は、不彌國から南へ水行二〇日の地、奄美諸島のなかの奄美大島と比定した。

第3章

「邪馬台国」は、宿命の島・沖縄に在った

「海中に絶して連なる」国々から成る
女王の国、「邪馬台国」

●あらすじ●

「邪馬台國」が、日本の地のどこにあるのか？『魏志倭人伝』が「倭の地を参問するに、海中洲島の上に絶在し、或は絶《た》え或は連《つら》なり、周旋五千餘里可《ばか》りなり」と、地理的条件を的確に伝えているが、これに合致するのは琉球列島のみであることを詳述していく。

「鬼道《きどう》に事《つか》え能《よ》く衆《しゅう》を惑わす」と表現された女王・卑彌呼の人と性格はどんなであったのか。また、卑禰呼の死後内乱が起こり「更に男王を立つるも国中服《ふく》せず更々《こもごも》相誅殺す、当時千餘人を殺せり」と、表記された『倭人伝』の血生ぐさい事件が起きているが、女王卑彌呼の栄光の島は、千七百年後にも25万人の戦死者を出す事件が起きている。それは、日本の宿命なのだろうか。

西暦五七～一八八年の史書『後漢書』と、西暦二三九～二四八年の『魏志倭人伝』には、卑彌呼の名がある。一方、「邪馬台國」は、『後漢書』は「邪馬臺國」で、『倭人伝』では「邪馬壹国」と記録されている。いずれにしても、卑彌呼が女王であった期間は長かったといえる。

女王・卑彌呼の「邪馬台國」は、沖縄のどこに在ったのだろうか？

女王に仕えた重臣、倭國の要人二十数名が『魏志倭人伝』に記録されている。なかでも、魏国に使者として派遣され、卑彌呼よりも多く表記されている「難升米」とは、どんな人物であったのだろうか？

女王卑彌呼の島は、「平安座島」と比定されるが、それはどこにあって、どのようなところなのだろうか？

● 邪馬台國への行程図

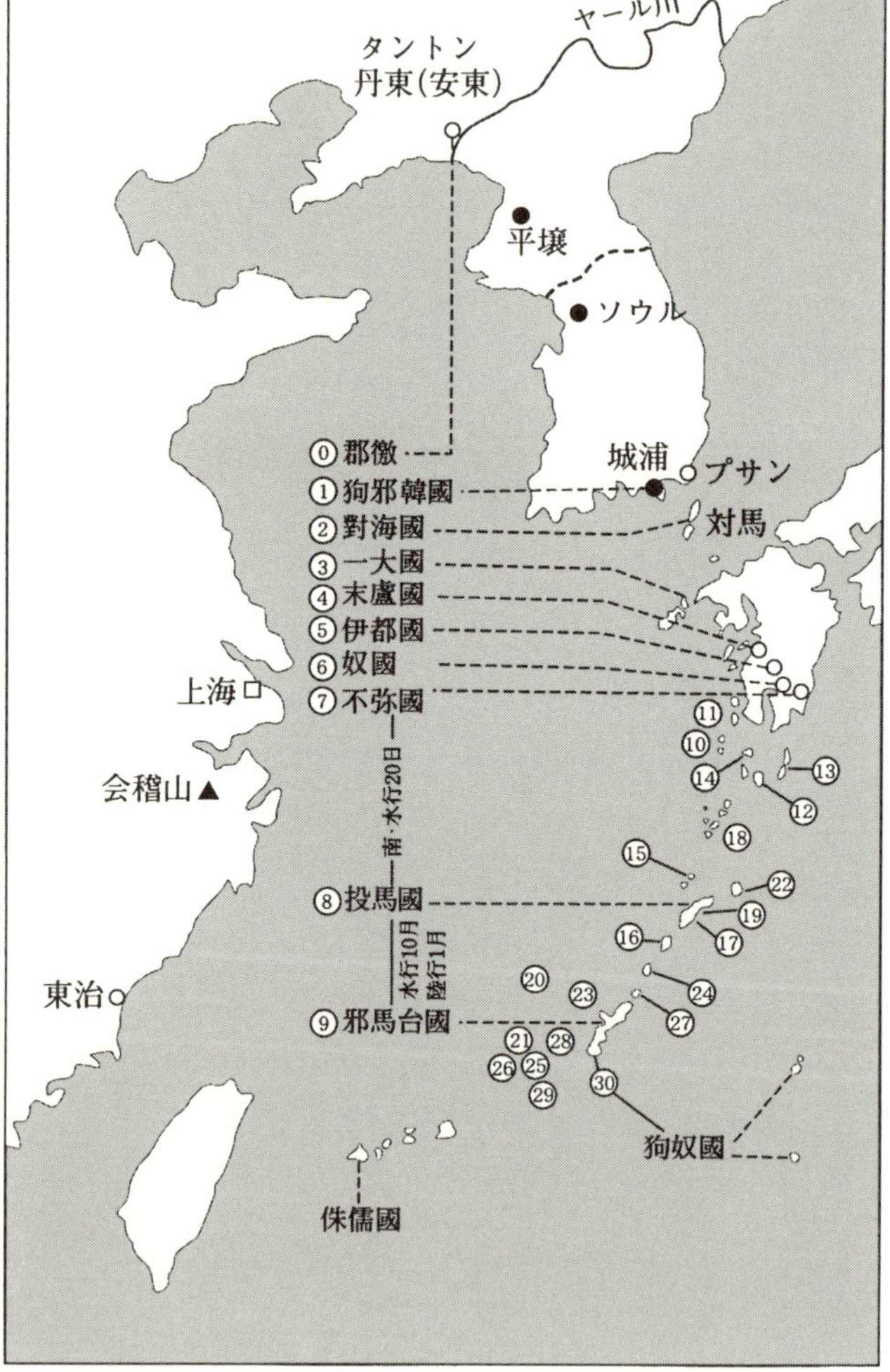
ヤール川
タントン
丹東(安東)
平壌
ソウル
城浦
プサン
対馬
⓪郡徼
①狗邪韓國
②對海國
③一大國
④末盧國
⑤伊都國
⑥奴國
⑦不弥國
南・水行20日
⑧投馬國
水行10月
陸行1月
⑨邪馬台國
上海
会稽山
東治
狗奴國
侏儒國

宿命の島・邪馬台国

まぼろしではない、実録である。あれからもう十年もたってしまったが、想い出せば、その時の感動が甦って今もまた体が震えてくるのである。

それらの島々は「海中に絶して連なる」国々から成り立つ邪馬台国にちがいない。『魏志・倭人伝』が的確に伝える「倭の地を参問するに、海中洲島の上に絶在し、或は絶《た》え或は連《つら》なり、周旋五千餘里可《ばか》りなり」と表現する地理的条件に合致するところは琉球列島しかなかった。そして、沖縄本島のごく近くに邪馬台國の女王と同名の島を地図の上で確認できたのである。その「卑彌呼の島」が見たくて矢も楯もたまらず沖縄島に急行することになった。

一九七五年四月二十三日夕刻、南海の落日の壮麗なる残影の中で「卑彌呼の島」と相対し、凝視して立ちすくんだ砂浜は、沖縄本島、中部、東海岸の太平洋に突出する勝連《かつれん》半島のどこかであった。名も知らぬ砂浜は紅にそまり、紫にしずんだ空には無数の雲が風に吹かれて音もなく、南へ南へと流れて去《い》く。その空と海の接点に女王の島が浮かんで夕闇の中で影のように佇《たたず》んで見える。この地はまぎれもなく日本の極南界《ごくなんかい》で、南の水平線上には南十字星《サザンクロス》が見えるのである。夢ではない、幻ではない、目の前に現実に浮かんでいるではないか女王の島が。卑彌呼の島が、そして『倭人伝』より前の『後漢書』の言葉を「倭の奴《な》國は倭國の極南界」である。極南界である、極南界であると、噛みしめるようにつぶやきながらその島を見つめていた。

はたして、あの島に女王の居城に似つかわしい遺跡が残っているのであろうか。女王が死後葬られた「百歩塚《ひゃっぽづか》」がどこかに埋まっているのであろうか。不安感と期待感が一挙にふきあがり五体が震えるようである。とうとう、ここまで来てしまった。誰も信じてくれないでしょう。邪馬台国と卑彌呼の島が沖縄に在ったと言ったところで変人あつかいされるのは当然かもしれない。本人自身が半信半疑でここに来たのだから。想えば無知というか無謀というか、おかしさがこみ上げてくる。しかしやるのだ、他人になんといわれても確かめてみなければならない。はやる心を押しころすように視線を空に移し、心を落ち着けようと流れ去く雲を見つめて和らげるのである。いつか見た雲だ、子供の頃より少しも変わっていないではないか懐かしい雲だ。この雲を女王・卑彌呼も見ていたにちがいない。その頃一千七百年前も今も何も変わっていない風に、同じ時間の中に居るような感じだ。さあー、元気をだして明日は「卑彌呼の島」へ行こう。気が付いてみればあたり一面は赤さを増す。波も砂も風も赤くそまる中でその島はいよいよ影を濃くして浮かび上がるのである。視界に在るうちに、島の暦《へ》てきた幾千年の過去に想いを馳せる。

古代の遺跡を見るとき、東西を問わず栄華の跡はいつでも物悲しい。見る人々の人生のはかなさと共感して悲しいのだが、その中で落ちつきをとりもどし安らぎを覚えそれ故に美しいと想えるものである。だがその島にはそれがない、甘い感傷にひたる対象物が見当たらないではないか。それどころかじっと見つめていると島のあたりに妖気が漂って他国者が来ることを拒んでいる風に見えてくる。何故であろうか。『魏志・倭人伝』の「鬼道《きどう》に事《つか》え能《よ》く衆《しゅう》を惑《まど》わす」と表現された女王・卑彌呼の性格のなす業《わざ》なのかそれとも卑彌呼の死後内乱が起こり「更に男王を立つるも国中服《ふく》せず更々《こもごも》相誅殺《ちゅうさつ》す、当時千餘人を殺せり」と、表記された倭人伝の血生ぐさい文面のせいであろうか、いやそればかりではないのだ。

昨日は沖縄本島南部の激戦地を見て歩いたが、三世紀の頃、邪馬台國が存在していたと推理したこれらの島々は、その後幾度かの興亡を繰りかえしたにちがいない。そして、その度に幾千幾万の人間の赤い血が沖縄島に流れたと想像できる。生々しいのはわずか三十年前の事件である。日米両軍による攻防戦はまさに凄惨《せいさん》をきわめた。日本軍の牛島三十二軍は司令官もろ共に摩文仁《まぶに》丘で玉砕。その二キロほど手まえの所で攻める米軍の最高司令官ビグナー中将も戦死、目と鼻の先で両軍の司令官が戦死しているのである。このような戦闘も世界戦史にその例がないといわれ、もっとも凄惨な、もっとも残酷な戦場となり、沖縄島は太平洋戦争における「日本軍終焉《しゅうえん》の地」となったと記録されている。倭人伝風に伝えるならば「米軍攻めれど国中服せず、更々相誅殺す、当時二十五萬餘人を殺せり」と表記しなくてはならない。戦死者二十五万人のうち十万余人は非戦闘員、沖縄住民である事実は何としても痛々しく、忘れてはならない想い出の一コマである。

古き時代「女王、卑彌呼の都するところ……」と中国の正史に記録をとどめた栄光の島が、千七百年後の今日二十五万余人の血を流して日本軍終焉の地となったことは、なんと運命的な事件であったろうか。二つの事件は全く無関係のように見えながら、実は太い宿命の鎖で繋がっているのではないかと暗示的に感じられる。何故ならば、広大な太平洋を人間が移動しようとすれば点在する小さな島々を伝って航海した方が安全である。それ等の島の中で適当な間隔を置く位置にあり、割と大きくて良港に恵まれた島は重要な拠点となる。平和な時代は貿易港として栄え、またサンゴ礁の海は澄みきり時と共に刻々と七色に変化する観光地として海外から大勢の人が集まり、まさに天国の情景をかもし出す。だが一歩まかりまちがって戦時になれば、その同じ島が軍事上の重要拠点となり、守る者も攻める者も死守してやまない。いわゆる玉砕の島と早替わりして、無力な女性や子供たちまでも巻きぞえに地獄の様相を示す。グアム島、トラック島、沖縄島などがそうであり、玉砕の島なのである。ハワイ島もまた「リメンバー・パールハーバー」で有名である。（女王の東南の方向に在る「裸國」を中国音のクワン・グオとよむとグアム島を示す）。

この明暗二つの状況はその島の地理的条件からきているのである。『倭人伝』は的確に「絶して海中洲島《しゅうとう》の上に在り、或は絶え或は連なり……」と表現しているのであるが、財界の巨頭が年頭の挨拶冒頭で「日本には資源が無い」と一言でいってのける重苦しい言葉は、『倭人伝』のその地理的条件が原因ではないか。日本の本土自体が沖縄島や邪馬台國と同じように海中に絶したる洲島から成りたっているとすれば、日本人の頭上に重くのしかかっている宿命を感じないわけにはいかないのである。このような地理的条件をもつ宿命の島の中で生きる者全員が良きにつけ悪しきにつけ避けることができず、その宿命に翻弄されて生きるのである。さらに邪馬台國が存在したと考えられる沖縄の宿命は苛酷である。現況はサンゴ礁の海にとり囲まれたロマンチックな観光地でありながら、島内には軍事上の重要な基地が同居し、戦闘機や爆撃機が昼となく夜となく轟音をひびかせて飛びかう。一歩市内を離れて郊外に出て見れば目に付く人工建造物はお墓ばかりである。人々は毎日毎日御先祖の霊魂と相対して生活しているが、その側に激戦の跡が生々しく保存されている。天国と地獄が同居して正に「宿命の島」と表現してみたが、言い過ぎであろうか。

さて、女王・卑彌呼の家臣たちが敵対国である「狗奴《くな》國」との死闘の中でどのような死にざまを晒したか知る由もないが、日米両軍や島民たちの戦死した状況と重なりあって脳裡に映ってくるのである。女王・卑彌呼のこと、ひめゆりの塔の下に眠る乙女等のこと、日米両軍の死闘、まきぞえを喰った島民たち、そして戦い終わって三十年、戦場に行って帰らなかった息子が死んだとは決して信じようとはしないで毎日毎日玄関の戸を開けて待ちつづけている老人のこと、悲しみも憎しみも心に秘めて観光客を笑顔で迎える売店の人たち。それ等の人々を想うと、懐かしく、いとおしく、悲しみ、無念、激怒、諸々の感情が五体《からだ》の中を嵐のように駆けめぐって血が逆流し、体が宙に浮いて思わず涙が—、涙が落ちる。米軍も日本軍もない、人間と人間が殺しあいながら生きていくという宿命が呪わしく、敵も味方もなく「人間」そのものがいとおしくて、いとおしくてしょうがなかった。

他人に気付かれやしないかと足もとの岩礁に砕けてとび散る飛沫で顔をぬらし、汗をふきとれば、落日最後の尖光が島の上空を走り一瞬に輝く。鮮やかだ！　卑彌呼の島は黒々と沈黙したままだが、光にきらめく波の上を無数の雲がゆっくりと音もなく南へ流れてゆく。

ここは南国灼熱の地、風のない日は暑くて眠ることさえできないと昨日の島民たちが歎いていた。そして太平洋戦争で受けた島人の心の傷は今でも生々しく、さらに永年にわたる大和人《やまとんちゅう》（島民は本土人をヤマトン・チュウと呼んでいる）の圧政に対する恨みが重なり大和人に対する憎しみはひとしおである。にもかかわらずその感情を押しころし生きるために大和人を笑顔で迎えるのであるが、心は泣いている。人々の笑顔の裏に憎しみと悲しみをひたかくしにしていることを知った時、そのように傷をつけてしまった大和人の一人として、どのように詫びて、どのような慰めの言葉を言えばよかったのか。言葉がきれいであればある程空々しく響くにちがいない、いや、それらの事件にふれること自体が島民の心を三再《みたび》傷つけやしないだろうか。何も気付かなかった振りをしよう、そのために後ろ指を差され唾をはかれ罵倒されたとしても、それで島民たちの鬱憤晴らしの慰めになるかもしれない、と惚《とぼ》けてしまったのである。

今夜は暑い。雲が流れるのは風があるからだ。風の神よ、今夜は風が吹いてないと島民たちが眠れなくて困るのだ。大和人の気持ちの分だけ、お詫びしなければならない分だけでもいいから風を吹かしてやっては呉れまいか。あと数分で日が暮れる、風の神よ、何卒さわやかな風をこの島へ。

一、風が吹く吹く　雲が流れる
　流れる雲の　さい果ての
　絶《た》えて連《つら》なる　古き島
悲しみ秘めた蒼海《そうかい》の
とび散る飛沫《しぶき》で 頬《ほほ》ぬらす
なみだか、汗か、海人《あまびと》よ
　暑き夜には　風そよげ
風よ吹け吹け　雲が流れる

二、風が吹く吹く　雲が流れる
　流れる雲の　消えて去《ゆ》く
　南十字星《サザンクロス》が　見える島

栄華を刻《きざ》んだ　岩肌に
　焰と燃える　赤い花
　　憎悪か、愛か、島人《しまびと》よ
　　　眠れぬ夜には　風そよげ
風よ吹け吹け　雲が流れる

三、風が吹く吹く　雲が流れる
　流れる雲の　尽《つ》く下の
　　七色彩《ひ》かる　珊瑚海
真珠を乗せた　黒潮の
　ロマンに駆《か》られて　島伝《つと》う
　　残るか、去くか、舟人《ふねびと》よ
　　　戸惑《とまど》う夜には　風そよげ
風よ吹け吹け　雲が流れる

風の音にあわせて唱ってみたが、風の神よ、意味がはっきりしなくてとても上手な詩とは想えない。せめて題名だけでも立派に飾っておこう、お主が主役の「流れる雲の詩」だ。

山原《ヤンバル》（地方）は「邪馬壹国」の領域

沖縄滞在は四日間、本土より苛酷な条件下に在る邪馬台國と「卑彌呼の島」について収集した情報は見込みどおり確信を深めるものであった。その状況は次のとおりである。

沖縄本島は南北に細長い島で、行政区分として北部地区と中部地区と南部地区に三区分されている。観光用地図にはそれらの区分を古い区分名で国頭《くにがみ》、中頭《なかがみ》、島尻《しまじり》という文字で表記され、さらに古い区分は十四世紀頃の北山《ほくざん》、中山《ちゅうざん》、南山《なんざん》であるが、中国側の明の時代の記録は山北、山中、山南であるらしい。『沖縄県の歴史』（山川出版社）によればその三山は小国家であり十四世紀の三山時代以前には島を三等分するような勢力集団はなかったことになっている。三区分された各地区の地勢の特徴をみると北部は中部の面積の数倍の広さがあるが山ばかり多い所である。中部は沖縄全島の八分の一の面積しかないのに人口は全島の64％の人間が住んでいる、すなわち平野が多い住みやすい地域である。南部は激戦地であり、要塞が構築されていた所で中部の半分くらいの面積で岩山ばかり多い。簡単に見れば山地、平野部、岩山に区分できる。したがって山地に住む人間の生活様式、習慣は当然に平野部の者と異なり、岩山に住む人々もまた特異な風土、気質がある。

一口に沖縄と呼んでも地勢、風土の異なった三地域はそれぞれ三集団に成りやすい地理的条件があると考えられる。

さて、島内の地理的条件は十四世紀の三山時代も邪馬台國が在った三世紀の頃も同じであるから、邪馬台國の比定を考える場合もこの三区分を踏襲して考え、北部は「遠絶《えんぜつ》にして詳《つまび》らかでない――」と表現された旁國二十一カ国の一つ「邪馬國」ではないかと仮定してみた。理由は単純「山ばかり多いから」である。但し、北部は俗に〝山原《ヤンバル》〟地方と呼んでおり、〝山原〟は「邪馬壹《ヤマイ》」から――邪馬治《ヤマイ》――邪馬治《ヤマハル》――邪馬治《ヤ(ン)バル》（〈ン〉はムの撥音便）、あるいは――邪馬治《ヤマハル》――山晴《ヤマハル》――山晴《ヤマハラ》――山原――と、二系統に変遷した〝山原《ヤンバル》〟と推理できるので、北部は「邪馬壹國」の領域だと後で分かった――。

古音の首里城《スイジョウ》と奴国王「帥升《スイジョウ》」

邪馬台國は中部地区に比定し、南部は「極南界にある――」という『後漢書』の文面を重視し、『倭人伝』、旁國二十一カ国の最後に表記されている「奴國」であろうと見込みをつけて沖縄島に急行したのである。「奴國」を南部地区に仮定したのは「極南界」のほかにもう一つ視点があった。それは那覇の那＝ナ音と奴國の奴＝ナ音が同じであるから、那《な》は奴《な》からの変遷ではないかと透視して考えていた。

勝連半島の砂浜に立つ前日、博物館を見学したが邪馬台國の痕跡を感じさせる物は何もない。目に付いたのは銅鏡が少しと「銅製の印」だけだった。がっかりして守礼の門に立ち寄ったのが夕方、門の前には観光客や記念撮影のための乙姫様が四、五人ほほ笑んでいる。島内を案内してくれたのは沖縄生まれの長浜青年、無口な男性である。そして事もなげに「この守礼の門のある首里は元スイと呼んでいたんです」と。何ーっ！　びっくりしてもう一度聞き直してみたが、まちがいなく首里《スイ》と呼んでいたのである。この辺に住む人なら誰でも知っていると言う。その後の説明はうつろに、頭の中に『後漢書』の一文面が映る。

○建武中元二年、倭の奴國、奉貢朝賀す。
使人自ら大夫と稱す。倭国の極南界なり。光武、賜うに印綬を以ってす。
○安帝の永初元年、倭の國王帥升等、生口百六十人を献じ、請見を願う。
後漢の頃、倭の国王の名前は「帥升《すいじょう》」である。奴國は極南界であると記録したすぐ後に国王・帥升の名前が出ているのは、奴國の国王帥升という意味ではないか。そして奴國に仮定してみた那覇を含む南部地区に首里城《しゅりじょう》＝首里城《スイジョウ》が現存している。帥升《すいじょう》と首里城《スイジョウ》、偶然であろうか。偶然ではないと、何べんも心に言い聞かせながらその因果関係を考えはじめていた。ほほ笑む乙姫様の頭上に掛かっている大きな額に「守礼《しゅれい》の邦《くに》」と書かれているが、元は「首里《しゅり》」と書かれていたそうである。その額に書かれていた「首里《スイ》」は後漢書の「帥《スイ》」からの変化ではないか。もしそうだとすれば、「帥《スイ》」から「首里《スイ》」を経て「守《しゅ》礼《れい》」までの変遷の過程は次のように想像できる。

帥升王の「帥」をスイと読んでいるのは慣用音（唐音・宋音・日本音）であり現在の北京音（ＳＨＵＥＩ＝スェイあるいはセイ）に近い。だが漢音はシュツ、呉音はシュチである。

それで想像たくましくして推理してみると、今から千九百年前の後漢の頃、この倭國の極南海に在る奴國の男王・帥升が城門の小さな額に自分の表札、人名・固有名詞の「帥升」をかかげていた。それから千二百年経った十四世紀の三山時代になれば帥升王の業績も名前も忘れ去られてしまったが、古い城跡は残っている。そうして帥升がいつの間にか「帥城《すいじょう》」に置きかえられてしまった。すなわち、人名・固有名詞の帥升が地名・固有名詞の帥と普通名詞の城に分離して変化していたのである。その後中国南部の呉の国の末裔たちとの交流が盛んになれば帥《すい》を呉音の帥《シュチ》と読んで城門の大きな額に地名「帥《シュチ》」をかかげさせたが、古老たちは呼びなれたスイと踏襲して伝える。スイと呼ぶ者、シュチと読む者、シュツと訓む者、混乱して不便を感じた為政者ははっきりとシュチと読める「首里《しゅり》」を採用して額に書かせる。それでも古老たちは、首里《しゅり》は元スイと呼んでいたんだと語り伝えるが、首里《しゅり》には英雄・帥升王の意味は全くなくなり単なる地名でしかないとなれば、もはや城門の大きな額にかかげる意義はない。それで城門にふさわしい首里と音韻が同じである「守礼《シュリ》」（礼の北京音はリ、漢音はレイ）を思い付いたが、近頃の島民たちは漢音訓みの

「守礼《しゅれい》の邦《くに》」と呼んでいる、のではなかろうか。簡単に書けば、帥升《すいじょう》―帥城《すいじょう》―帥 城《しゅちじょう》―首《しゅ》里城《りじょう》―守礼《しゅり》の邦《くに》―守礼《しゅれい》の邦《くに》、に変遷したと推理できる。なお近ごろは「守礼《しゅれい》の門《モン》」と呼ぶのが一般的になっている。
気が付いてみれば乙姫様は消えてしまって大きな山門だけが霧の中にぼんやりと浮かんで見える。しかし、いつの日かこの額が新しく取り替えられる時、千九百年前の文字「帥升」が復帰する可能性を想えば、生気をとりもどして目が光るのである。

天使館と使者「梯儁《ていしゅん》」

南部地区にはもう一つ、暗示的な呼称をもつ建物の痕跡があった。その名称を「天使《てんし》館《くわん》」という。『南島風土記』には、「那覇市役所の一郭が古《いにしえ》、冊封使一行の宿館たる天使《てんし》館《くわん》である。―略―この建物は全部支那風で、大門は南面し、天使館の大額を掲げ、門内には左右二檻づつの房屋があって、接待役人の事務所に宛てられ、石畳の用道が大門から第二の天澤門に通じ、その門内には、正副使を始め一行の宿館として正堂・後房・左右二楼、厨房に至るまで整備していた。―略― 館は一代一度の使用である為に、天澤門内は平常閉鎖され　―略―」と説明されている。

古代の琉球王朝が明《みん》と交渉をもったのは十四世後半（西暦一三七二年）だが、冊封使がはじめて来琉したのは西暦一四〇四年だといわれている。その接待用の迎賓館が「天使館」であったが、何故「天使」というような御大層な文字を用いるのか。本土で天子といえば天皇を指すがその文字は天の子という意味であるから理解できる。琉球王朝にとって冊封船は莫大な利益をもたらすから、天からの使者という意味で用いたと考えてみれば、少し大げさな感がしないわけでもないが迎賓館の名称としてはもっともらしく想える。だが、その音韻「ティエン・シ」（北京音・TIAN・SHI）には聞き覚えがあり、動物的な嗅覚に感応して見逃しはしない。

女王、卑弥呼が大夫難升米《なしめ》に命じ魏國に詣《まい》らしめたのは西暦二三九年六月であったが、その翌年、『魏志・倭人伝』は次のように報じている。
○　正始元年・太守弓遵、建中校尉梯儁等を遣わし、詔書・印綬を奉じて、倭國に詣り、倭王に拝假し、并《ならび》に詔を齎し、金帛、錦罽・刀・鏡・采物を賜う。倭王、使に因って上表し、詔恩を答謝す。
（正始元年＝西暦二四〇年）.
難升米が朝貢貿易に成功して間もなく魏國の使者「梯儁《ていしゅん》」が来倭しているが、その時の宿舎及び迎賓館などは何処であったろうか。おそらく準備する時間がさし迫っているから、城下近くの民家を改造したものか、先進文化国の要人にふさわしい建物を新築急造したものか、いずれにしても梯儁が起居する建物はあった。倭國にとってはじめての経験だとすればその建物には名称はない。中に住んでいる人は莫大な利益をもたらす「梯儁さま」である。人々は「梯儁さまの館」と呼びはしないだろうか。その時代から冊封使が来琉する一千年の風化の中で「梯儁」の名前も文字も業績も忘れ去られるが、その特殊な建物については「ティ・シュンの館《やかた》」の物語として古老たちは伝える。（梯の北京音はTI＝ティ）そして冊封使が来た時、ティ・シュンの館跡に新築された全中国風の迎賓館の名称にティ・シュンと同じ音韻のティエン・シ（天使）館《かん》を用いたのではないかと想像してみたのである。

梯儁から天使までの変遷を証明するのは困難かもしれない。しかし、女王や帥升ら倭國十傑の名前が地名として確認できる状況の中で、中国側の要人の名前が地名として残らないまでも［中国人は倭國の間切（行政区分）の支配者ではないから］何らかの形でその音韻が残るのは有り得ることである。もし梯儁から天使までの変遷が正しかった場合、本土の「天子」の文字もまた梯儁と関わりあう可能性があるが、それは天皇家の先祖の出自に若干影響することになるので重大である。なればこそ「天使館」の存在を明記して記憶しておきたい。

山内《やまうち》と魏古《ぎこ》城

極南界にある奴國の北側に隣接して邪馬台國があるはずだが、地図上で沖縄の中部地区の中からその痕跡を探さなければならない。勿論「邪馬台國」という地名や文字などあるわけがない。『後漢書』にも『魏志・倭人伝』にも「邪馬台國」という文字はなく、『後漢書』に表記されているのは「邪馬臺國《やまダイ》」であり『倭人伝』の方は「邪馬壹國」と記録されている。そのどちらにも女王がいて名前が卑彌呼である。これら二つの歴史書は千五、六百年前に書かれたものであるから、多少混乱しているのではないかと想えるが、実はそうではない。両書とも正しい文字を用い、内容もそれぞれの時代の倭国の状況を記録している可能性が強い。

何故ならば、『後漢書』の内容の年代は西暦五七年～一八八年頃までの歴史であり、『倭人伝』の方は西暦二三九年～二四八年まで十年間の物語である。そして卑彌呼が女王になったのは後漢時代の西暦一八八年頃だと仮定してみて、『後漢書』はその時点で卑彌呼のことを「年長じて嫁せず」と表現しているから、かなりの老女である。それで『倭人伝』の卑彌呼が死んだのは西暦二四八年だとすると六十年間女王の座にいたことになる。一体中国人が「年長じて……」というのは何歳くらいをいっているのであろうか。仮に六十歳くらいだとすると女王は百二十歳以上生きていたことになるが、その可能性はかなり弱い。また「年長じて……」が七十歳以上だったり、あるいは最初に即位した年代が西暦一八八年以前だったりすると、『後漢書』の卑彌呼と『魏志・倭人伝』の卑彌呼は別人であると考えなければならない。この可能性の方が強いのだが、この場合別人であっても一向にかまわない。それは、古代琉球王朝の風習では、その国や一つの地域（間切と呼んでいる）を支配する者はその土地の主邑名を家名とする「名島の制度」から考えてみると、「卑彌呼」は家名であり氏姓であるから、国の王が何代替わっても全く別人であっても家名として「卑彌呼」の氏姓を名乗るからである。卑彌呼をヒミコと読んでみると「ひみ子様」と呼ぶ名前のように錯覚するのは千七百年という彪大な時間差のために起こる自然現象だと想えば、腹を立てて『後漢書』や『魏志・倭人伝』に当たり散らすこともあるまい。

そういうわけで卑彌呼が同一人物であろうと別人であろうとかまわないが、「邪馬臺國」と「邪馬壹國」はどうなって混乱しているのであろうか。

「臺」と「壹」は形が似ているので間違いやすい風に見える。しかし日本人が小切手にサインするとき「壹」を間違って「臺万円」と書いた話は聞いたことがない。小切手をきるほどの者なら「臺」を知らなかったとしても「壹」とは別の文字であることぐらいは知っている。まして漢字王国の、それも一国の歴史を編纂する中国政府のエリートだ。形が似ているので間違いやすい風に見えながら実は無い。

二つの漢字が両書とも間違っていないとすると、国名が変わったことを意味しないだろうか。両書の内容には最小五十年から最大百九十年ぐらいの時間差がある。その中間をとって百年ぐらいの時間差で考えてみると、例えば、今から百年前の明治維新後は日本の国名の大部分が変わってしまった。維新という動乱の後は国名や地名が変わりやすい。そういえば『後漢書』は最後のところで「倭國大乱」を伝えている。(大乱は西暦百六十年前後と考えられる)したがって、後漢の時代「邪馬臺國《やまダイ》」と呼んでいた国が大乱後、『魏志・倭人伝』の時代は「邪馬壹國《やまイチ》」と呼ぶようになっていた、と仮定してみることが可能となる。

そこで、沖縄の観光用地図を広げて推理を進める。邪馬臺國であろうと邪馬壹園であろうとそれと同じ文字や地名が書いてないのは当然だが、文字は別の漢字を用いていてもヤマダイあるいはヤマイチと読める地名があるかもわからない。それに日本の地名であるヤマダイやヤマイチを中国側は勝手に邪馬臺、あるいは邪馬壹という文字を使用しているが、日本人ならどの漢字を用いて記録するであろうか。

ヤマダイ国からヤマイチ国に地名(国名)が変わったと仮定して、前の国名と後の国名は全く無関係には変わっていないはずである。ヤマという音は同じであり、変わったのはダイとイチである。それでヤマダイとヤマイチ両方に通用できそうな、日本ならどこにも在る地名「山内」に気が付いたのである。山内ならヤマダイとも読めるしヤマイチとよく似たヤマウチと読めるではないか。それに明の記録「山中」も日本訓みにしてみれば山中《ヤマウチ》と訓むことができる。沖縄にも「山内」なら二つや三つぐらい在るにちがいない。もっとも南部地区や北部あたりで見つけても有り難くはない、中部地区で「山内」を探してみる気になった。

地図の中部地区の中心部に「沖縄市」の文字が大きく書かれている。沖縄市は那覇に次ぐ本島第二の都市であるが、その大きな文字に焦点を合わせるようにレンズを置いてのぞいて見た。なんと！　大きな文字「沖縄市」のすぐ下に（南に）小さく細い字で「山内」が見える。要するに「山内」は中部地区のド真ん中に位置しており、中部地区全域の地名から探しだす必要もなかった。この「山内」、小さな細い字で今にも消えてしまいそうな「山内」、これが邪馬壹國の痕跡なのであろうか、きっとそうにちがいない。

『南島風土記』で「山内」を調べてみると「山内」自身については何の記録もない。だが、「山内」は小さな字《あざ》（集落）で越来村《こえき》に属しているのだが、その「越来村」の記述の中にぎくッとするような、・暗示的な漢字を用いて説明されている。その要旨を抜粋すると「越来村」は、
○　中頭郡の中軸を為し、讃谷山・北谷・中城・美里の間に在りて北は国頭郡思納村と隣接している。
○　越来は方音「グイク」、古、鬼谷・隗谷・五慾・魏古に作る。
○　魏古城は越来城の事である。

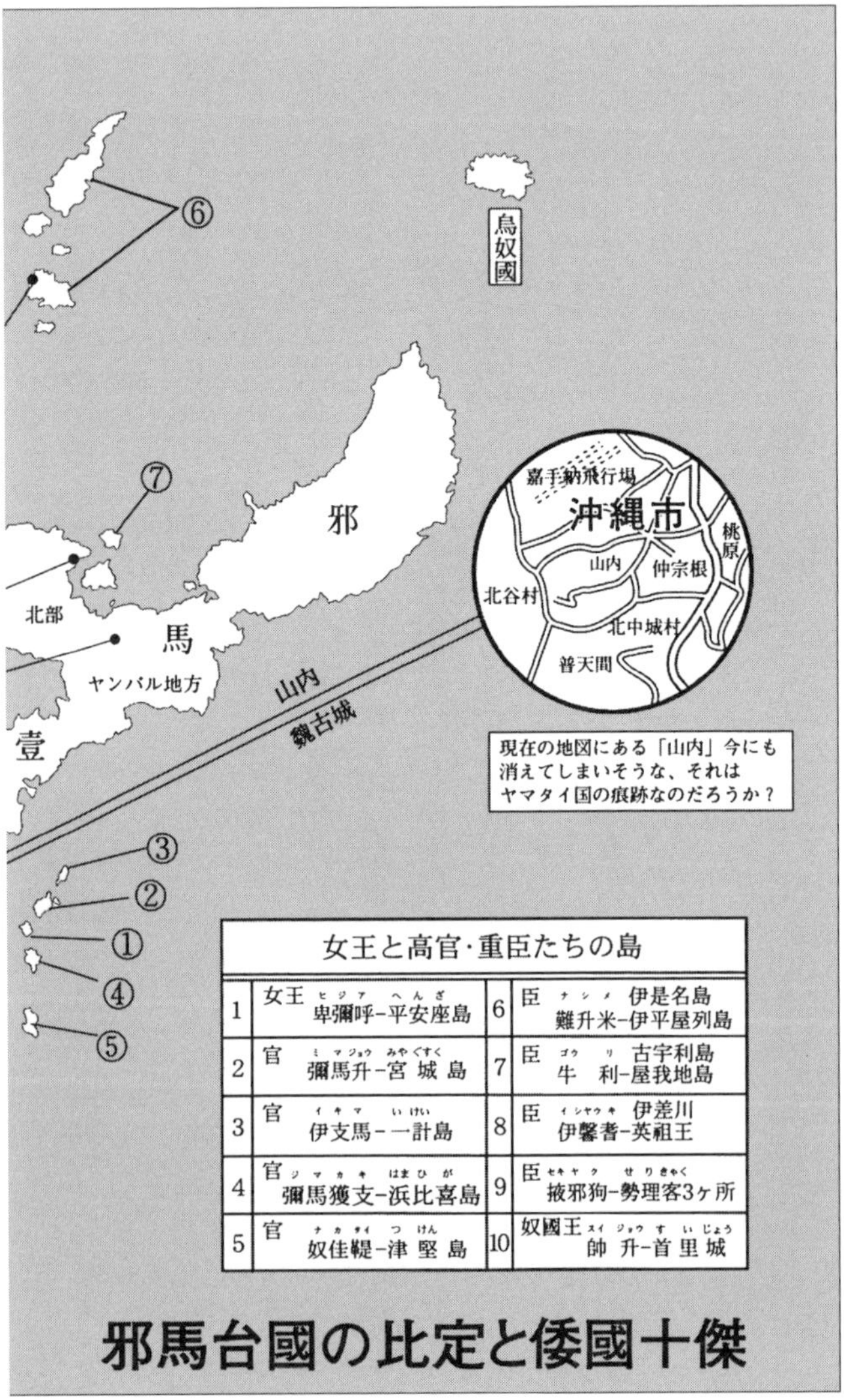

女王と高官・重臣たちの島

1	女王 卑彌呼《ヒジア》－平安座島《へんざ》	6	臣 伊是名島 難升米《ナシメ》－伊平屋列島
2	官 彌馬升《ミマジョウ》－宮城島《みやぐすく》	7	臣 古宇利島 牛《ゴウ》 利《リ》－屋我地島
3	官 伊支馬《イキマ》－一計島《いけい》	8	臣 伊差川 伊聲耆《イシヤウキ》－英祖王
4	官 彌馬獲支《ジマカキ》－浜比喜島《はまひが》	9	臣 掖邪狗《セキヤク》－勢理客《せりきゃく》3ヶ所
5	官 奴佳鞮《ナカタイ》－津堅島《つけん》	10	奴國王 帥升《スイジョウ》－首里城《すいじょう》

邪馬台國の比定と倭國十傑

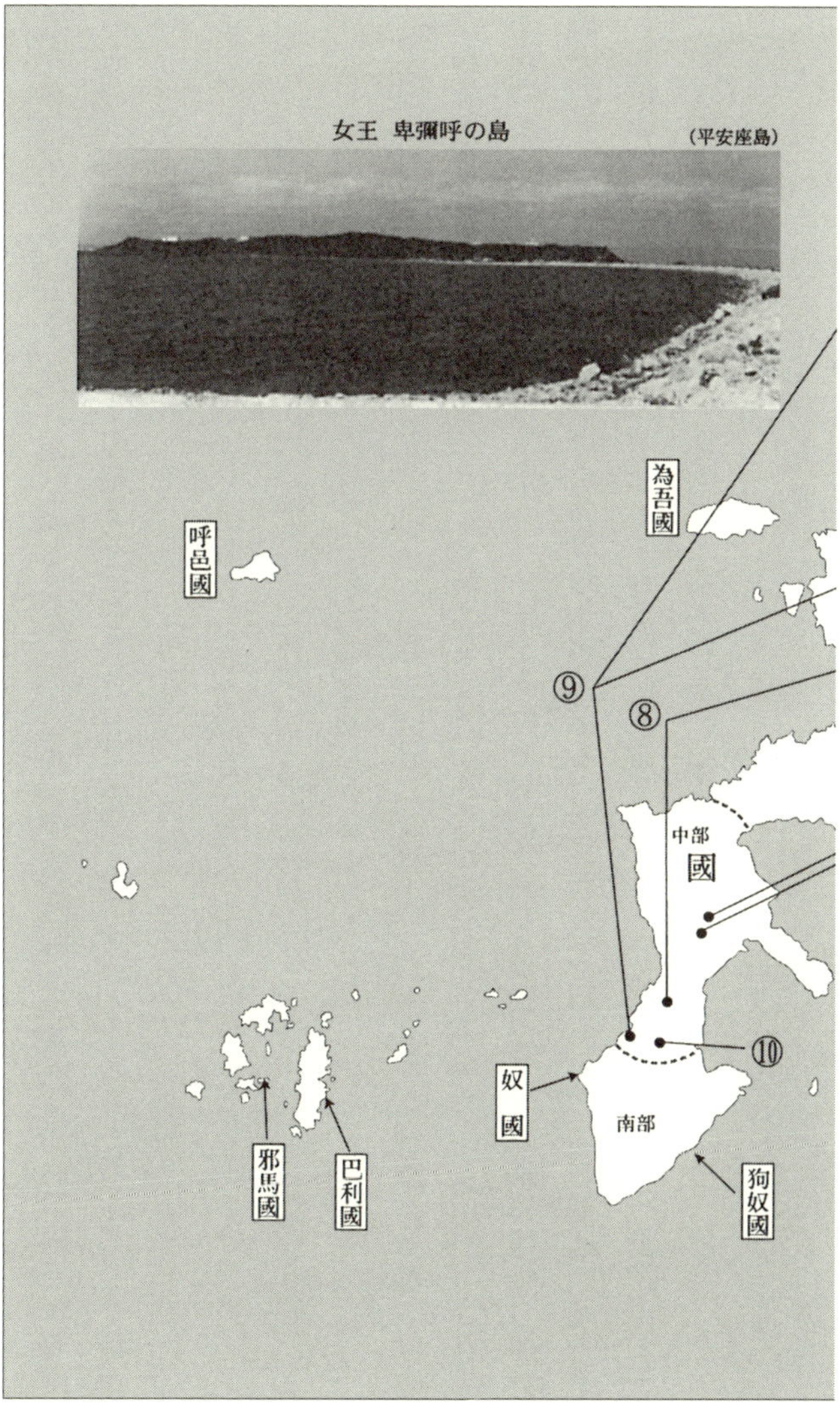
女王 卑彌呼の島
(平安座島)
為吾國
呼邑國
⑨
⑧
中部
國
⑩
奴國
南部
狗奴國
邪馬國
巴利國

○　中頭方はもと七ケ間切、東四間切は越来の差配であった。首里近畿の雄鎮（北山に対する防禦）であった事が知られる。
（『風土記の現文』——二五三頁）

「山内」が属している越来村の古名は「魏古」で「魏古城」は名を変えて越来城と呼んで現在も存在していると言っているではないか。魏志・倭人伝というのは、「三国志」の中の三つの国の一つ「魏國」の歴史で語られる「東夷伝」の「倭人」の話である。その魏國の中国音はギ・クォあるいはギ・グォであるが、「魏國」と「魏古」、ギ・クォとギ・コ、漢字の形も音も似ているではないか。おまけに城まで……。（魏古城のあるこの越来村や山内は中部地区のド真ん中に位置しているが、その西側の東シナ海に面した湾を宜野湾と呼んでいる。宜の文字もまた魏からの変遷を想わせるのである）。

魏國《ギクォ》と魏古《ギコ》、邪馬壹國と山内《ヤマウチ》あるいは山中《ヤマウチ》、邪馬臺《ヤマダイ》國と山内、この二種類の語感の一致が神経をピリピリ震わせる。今にも消えてしまいそうな小さくて細い文字「山内」は邪馬壹國の証明にならないことは知っている。それでも動物的な嗅覚だけが敏感に作動して身構えさせ、ジリジリと狙いを定めさせるのである。姿こそ見えないがこの中部地区に一千七百年前の影のような「山内」と「魏古」があるとすれば、女王「卑彌呼」の痕跡がどこかに在るにちがいないと、地図の上を這いつくばるように探しまわった。

倭國十傑

「卑彌呼」は普通ヒミコと読んでいるが、本当の読み方はちがっているのではないだろうかと考え、各種の読み方を検討してみた。「卑」はヒ・ビ・ピ、あるいはピンと読めそうだ。

「彌」はミ・ビであるが漢字の構成原理（『大字典』の凡例・六書の法を参考にして）から推測してみると、弓は義を表し爾は音を表しているとすれば「ジ」と読めると推理した。

「呼」はコ・カ・ケ・カウ・ケウなどであるが、もう一つ日本独特な訓み方である感嘆詞の「アー」を想定してみて、三つの漢字のそれぞれの音の組み合わせ音を口ずさんでみた。三字の組み合わせ音の数種類をつづけて連読してみると中国語とも日本語ともつかない念仏のような音韻である。その念仏のような音韻と中部地区の地名とを照らし合わせていくのであるが、まず地名のはじめの音がヒではじまるもの、あるいはヒから変化したハ・フ・ヘ・ホの音ではじまる地名を探した。想っていたよりも簡単にヘ音、あるいはヒ音ではじまる平安座・平安名・平敷屋・平良川などが確認できる。その四つの地域は全部太平洋側である。

「平」はヒラであるからヒ音ではじまると思ったのだが現地音はほとんどへ音からはじまっている。平安座《ヘンザ》・平安名《ヘンナ》・平敷屋《ヘシキヤ》・平良川《ヒラガワ》である。この四つの地名と、口ずさんでいる念仏のような音韻と、時々かすかに共鳴する地名音があることに気が付いた。「平安座」である。

「平安座」はヘイアンザと読めるが、「卑」の音・ヒからはじまるヒラアンザかもしれないと選択したのだが現地音はヘンザでありちょっとがっかりしていた。ところが口ずさんでいる念仏音の中に「卑彌呼《ヒジア》」があり、語尾のジアの音が平安座の座《ジャ》の音と共鳴している風に感じとれるのである。事実平安座島には、浸水しても沈まない特殊な構造をもつ小舟があり、その舟を呼ぶときは「ヘンジャ舟」と発音している。

この島ではないか。卑彌呼と平安座はヒジァとヘンジャ、似ているではないかと得意の嗅覚にもの言わせて地図を見ていたのだが、この時、嗅覚とは別の感覚、視覚が網膜に映っている別の文字をとらえて感応している。ぎょっとして瞬間嗅覚から視覚に切り替え、その文字を確認してみると、平安座島の北に二つ、南に二つ、計四つの島が平安座島を真ん中にして本島と平行に南北に並んでいる。その島名は北から伊計島・宮城島・平安座島、浜比嘉島・津堅島、と見える。

平安座島以外の島を上から（北から）順に、イ・ケイ島、ミヤ・ジョウ島、ハマ・ヒ・ガ島、ツ・カタイ島、と読んでみると、『倭人伝』の一節が頭に浮かぶ。
○官に伊支馬有り、次を彌馬升と曰い、次を彌馬獲支と曰い、次を奴佳鞮と曰う。

邪馬壷国は女王の都する所、と説明した直後に女王に仕える四人の高官の名前が連記されているが、その名前の順に、島の名前も北から順に対比させて読んでみると、イケイ島と伊支馬《イキマ》、ミヤジョウ島と彌馬升《ミマジョウ》、ハマヒガ島と彌馬獲支《ジマカキ》、ツカタイ島と奴佳鞮《ナカタイ》、そして真ん中に卑彌呼《ヒジア》と似た平安座島《ヘンジャ》が鎮座している。

この状況は真ん中に女王・卑彌呼の島を置きその島を護衛するかのように、高官の島を北に二つ、南に二つ　配置させた風に見える。女王と高官計五名の名前と五つの島の名称、似ている、もう間違いないのではないか。

姿は見えないが邪馬壹國までもうすぐ、五つの島の状況からかなりの近距離まで迫っていることを気配で感じとれる。感情がたかぶり筋肉が緊張のため震えるのだが、落ちつけ、その五つの島の状況をもう少し詳しく観察して検討しておいた方がいい。

伊計島《いけいじま》と伊支馬《イキマ》

伊計島は宮城島の一・五キロほど北に在る周囲四キロの小島で、五つの島の最北端に位置している。俗にイチ・ハナレ島と称しているが、本島から一番遠く離れているという意味らしい。宮城島はタカ・ハナレ島と称し、平安座島はただハナレ島といっている。沖縄本島から見て、ハナレ、タカ・ハナレ、イチ・ハナレの順である。

島名の「伊《い》」と人名「伊《イ》」は全く同じ。沖縄語で「マ」は島のことであると『南島風土記』に説明されているから、人名「馬《マ》」は島名の「島《しま》」と同じであろうと考えていい。人名「支《キ》」と島名の「計《けい》」は音韻がやや似ておりその日本訓《よ》み、計《はかり》と支《はなれ》も似ている。そして『風土記』が俗称だといっているイチ・ハナレ島という音韻を島名と人名に絡ませて考えてみると、現在の島名の伊《い》計島《はかりじま》よりも『倭人伝』の人名である伊《い》支《はなれ》馬《ま》の方が「イチ・ハナレ島」の音韻に近いことが分かる。これらの類似点から、伊支馬《イキマ》より伊計島《いけいじま》までの地名変遷の経過を想像推理してみると、用いられた漢字の音と義、あるいは中国音と日本訓み、二つの要素が別々に、部分的には絡み合って変化している風に感じとれる。例えば、
▽　音（中国音）、伊支馬《イキマ》―伊計馬《いけま》―伊計馬《いけいま》―伊計島《いけいじま》
▽　義（日本訓）、伊支馬《イシマ》―壹支馬《イシマ》―壹支馬《イチはなれま》―イチ・ハナレ島

宮城島《みやじょうじま》と彌馬升《ミマジョウ》

宮城島の現地立白は宮城島《みやじょうじま》で、俗称はタカ・ハナレ島である。平安座島より東北約一・五キロ、周囲十二キロの小島で、島の周縁部にサンゴ礁が生成されているが、隣の伊計島や平安座島とサンゴ礁によって繋がってしまうほどまでには発達していない。このサ

ンゴ礁の状態は『倭人伝』の「倭の地を参問するに……」の中で説明している「或は絶え」の状況を提示している風であり、この状態に比べ平安座島と本島の場合はサンゴ礁によって繋がってしまっているから「或は連なる」の状態を示している。(「或は絶え或は連なり」については後述する)
沖縄において「城」はすべてグスクと訓んでいるが、その原義は明瞭でない。グスクは城壁から転じた唱えであると言う人もいれば、祖先の墓だと言う人もいる。城《ぐすく》になった場所といえば山に入った地形が常であり、山頂につく地名として知られている。したがってグスクの実体は山頂に造られた城跡か、古墳か、居住跡か、またはその複合体であると考えられるが、後日の発掘調査の段階になればその対象に「城《ぐすく》」が、主となる。
宮城島《みやじょうじま》の地名の変遷を簡単に想像すれば、彌馬升《ジマジョウ》—彌馬升《みまじょう》—宮城《みやじょう》—宮城《みやぐすく》(島)、となる。

浜比嘉島《はまひがじま》と彌馬獲支《ジマカキ》

浜比嘉島は平安座島の真南一・五キロ周囲十キロの小島である。「はまひが」と「ジマカキ」共に四字音、島名「嘉《か》」と人名「獲《カ》」は同音、「浜《はま》」と「彌馬《ジマ》或は彌馬《ミマ》」はなんとなく似ているが説得力がない。

この島を地図で見ると、北海岸の西端に浜という村落があり東の端に比嘉という地名がある。したがって浜比嘉島の呼称は二つの地名の合同地名であることがわかる。古代琉球王朝の仕きたりである、隣接した二個以上の地名を連称する「二村併称」方式で呼称しているとすれば、人名の彌馬獲支も彌馬と獲支の二つの地区の支配者の氏姓であると考えることができる。したがって地名の変遷を検討する場合、彌馬《ジマ》から浜《はま》に、獲支《カキ》から比嘉《ひが》に、別々に変化した可能性が強いが、その変遷の中間音の地名記録を『南島風土記』で探してみたが無かった。だがあきらめはしない、地図や文書の上で浜比嘉島には「はまひが」島と振り仮名がついているがこれは日本語的な読み方であり、実際の現地音は必ずしも同じでない。例えば、那覇の現地音はナ・パァまたはナ・ファであり、糸満はイチュ・マンに聞こえると風土記が伝え、与那国島はユンナ国島である。いつの日か、浜比嘉島をたずねて島の古老たちから現地音と古い地名を聞きとり、それ等の音の中から見失われた地名が確認できるかもわからない。例えば「浜は元ミハマあるいはジハマと呼んでいた」というような証言があれば彌馬《ミマ》または彌馬《ジマ》からの変遷であると言えるのである。使い古した言葉だがミッシング・リンク（見失われた環）である「ミハマ」とか「ジハマ」の音は全く想像上のものだが地名の変遷におけるこの種の予測はかなり高い確率で的中させる自信がある。

少し調子が高くなったようだ、説得に自信がないせいであろう。それにしても似ているではないか、「ミマカキ」と「はまひか」、どことなく似ている。どこかに解決の糸口がないだろうか。このような心理状態で居るときは、「匂いがする……」と、表現しておく。

津堅島《つかたいじま》と奴佳鞮《ナカタイ》

この島は津賢島《つけんじま》と呼んでいる。浜比嘉島の真南六〜七キロ、周囲七〜八キロほどの小島である。その地名変遷の推理は簡単に、奴佳鞮《ナカタイ》—津堅《つかたい》—津賢島《つけんじま》であろう。

沖縄で東方をアガリといい、西方をイリという。アガリ、イリは太陽の出没に因むものであることは言うまでもないが、東方《アガリ》は崇高な方位であるという観念がかなり強く島民の心の中にある。

邪馬壹國かもしれない沖縄の中部地区から見て崇高な東方の海に女王と高官たちが各々一つの島を所有して支配している風に見えるが、それでは邪馬壹國きっての功労者である難升米たちも、あるいは一つの島を与えられて支配しているのではないかと想って探してみたのである。それが……、あった！

本島の東方、太平洋に面して浮かぶ小さな島は、女王たち五つの島の他二、三あるが可能性はない。崇高でない西方《イリ》は東シナ海であるが、そこにはかなり多くの小島がちらばっている。それ等の中に在るにちがいないと探しまわった。重臣の難升米、その副官と想われる牛利《ごうり》、さらにその二人の後任者ではないかと想われる伊聲者《いせき》と掖邪狗《えきやく》、計四名の者たちの業績を知っておかなくてはならない。その記録を『倭人伝』から抜粋してみる。
●倭の女王、大夫難升米等を遣わし郡に詣り、天子に詣りて朝獻せんことを求む。太守劉夏、吏を遣わし、將って送りて京都に詣らしむ。
●倭の女王に報じて日く、「――略――汝が來使難升米・牛利、遠きを渉り、道路勤労す。今、難升米を以って率善中郎將と爲し、牛利を率善校尉と爲し、銀印青綬を假し、引見勞賜し遣わし還す。
●倭王、復た使大夫伊聲者・掖邪狗等八人を遣わし、生口・倭錦・絳青縑・緜衣・帛布・丹・木猾・短弓矢を上獻す。掖邪狗等、率善中郎將の印綬を壹拜す。
●詔して倭の難升米に黄幢を賜い、郡に付して假授せしむ。
●壹與、倭の大夫率善中郎將掖邪狗等二十人を遣わし、政等の還るを送らしむ。因って臺に詣り、男女生口三十人を獻上し、白珠五千孔・青大勾珠二枚、異文雜錦二十匹を貢す。

難升米《ナシメ》と伊是名《いぜな》島、伊平屋《いひや》列島

倭國の要人二十数名の人名が『魏志・倭人伝』の中で確認できるが、それ等の者で最も数多く表記された人名は「難升米」である。全文中女王の名前「卑彌呼」という文字は五回表れるが「難升米」は八回表記されている。直接魏國人と接触があった人物であるから当然かもしれないが、魏國側にとって記録に残った回数の多い分だけ「難升米」を重要視している風に見える。その意味で「難升米」は倭國の筆頭ということになる。そして、「自ら大夫と称し……。」魏國との朝貢貿易を開拓、成功させた功労者であるから、家臣中実力ナンバーワンと考えていい。魏國側もその業績を評価してか、称号と銀印を授けている。この倭國の要人「難升米」が支配しているかもわからない島を探すのだが、普通「難升米」をナシメと読んでいるがその他どのような読み方ができるのであろうか。

「難」の漢音はダン、呉音はナン、慣用音はダ・ナである。「升」はシ・ジョウ、「米」はメイ・マイなどである。この三つの漢字、各種音を組み合わせた音韻を念頭に入れ東シナ海に浮かぶ小島を一つ一つ検討していった。また始まる、呪文か念仏のような音韻。ナンジョウメイ、ナンジョウマイ、ダンジョウメイ、ダンジョウマイ、それから何だったたっけ。そうだ、ナシメ、ナジョウメイ、ナジョウマイ、それからえーと、ダンシメイ、うーむッ、ダジョウメイ、あッー「ダシメイ」!!　これだっ、これではないか伊是名（島）、この文字「ダシメイ」と読めるのではないか、この島にちがいない、見つけたぞうーっ!!

「伊」は漢音・呉音ともにイであるが、氏姓の伊達はダテと読み、伊の義（意味）は副詞のタダである。

「伊」がダと読めるとすれば伊是名《ダシメイ》（島）と読めるのではないか。難升米と伊是名、まちがいあるまい。重臣難升米もやっぱり一つの島を所有しているのだ。

だが状況はやや複雑、伊是名《いぜな》は本島北部地区の運天《うんてん》港の北西二十浬に大小七個の島から成る伊平屋《いへや》列島第二の島で周囲十五キロほど、列島の南端に位置している。その古名あるいは古用字は（風土記より）伊世名・伊瀬名・いざな・いぢへな、などであり、古は伊是名島の惣名はなく「伊平屋の二はなれ」と呼んでいたと説明されている。それで列島の主島は最北端にある伊平屋《いへや》島（方音はイヒヤ、周囲三十キロほど）であるが、その古名は恵平屋・恵平也・ゑひや、俗称は島内の主邑を取って「田名島《だなじま》」と呼ばれていた。

難升米の「難」を二度読んで難々升米《ダナシマイ》と呼んでみると田名島《たなじま》イと音韻が似てくる。とすれば主島である伊平屋島には伊是名《ダシメイ》よりも古い痕跡を残していることになる。その地名の変遷を推理すると、

主島・難升米《ダンシマイ》―難々升米《ダナシマイ》―田名島《ダンナシマ》―田名島《ダナジマ》…？　…恵平也《エヒヤ》・恵平屋《エヒヤ》―伊平屋《イヘヤ》島
二島・難升米《ダンジョウマイ》―難升米《ダジョマイ》―伊世名《ダジョメイ》―伊世名《イセナ》―伊瀬名《イセナ》―伊瀬名《イぜナ》―伊是名《イぜナ》

実際にはもう少し複雑に変わっている気配がするが、基本的には正しいと仮定してみて、難升米は二つの島に関連していると考えられるから、この列島の七つの島全部を支配して

いると判断できる。なお一五世紀初頭に三山を統一して明治まで続いた尚琉球王朝を築いたその尚氏の発祥の地がこの伊平屋列島であるといわれており、列島の総地頭（支配者）は伊是名家であったと風土記が伝えている。

尚氏の県音は尚《ジャウ》であるが、難升米の升《ジョウ》と音韻が重なり無縁とは想えない。あるいは尚《ジャウ》氏も伊是名《ダシメイ》家も皆難升米《ダンジョウメイ》の累家かもしれない、倭國の実力ナンバーワンの家柄らしい家系ではないか。

更に奇妙な状況がある。伊平屋列島の位置は沖縄本島よりも北にあるから本島の北部地区管下にあってもいいのに、それがずっと南の極南界にある島尻郡（南部地区）に従属していたのである。同じ状況は九州にもあった。『倭人伝』に登場する対馬や壱岐などはその位置からみて福岡県や佐賀県の管下にあってもいいのに、ずっと南の生月島や平戸島などと共に長崎県に属している。実は、この状況は対馬や壱岐は北九州と繋がらないことを暗示しているのであるが、伊平屋列島もそれと同じ状況下にあると想っていい。この現象は邪馬臺國人が歩いたコースを示唆しているのであるが、九州では「一大國」を探すときに、沖縄では「陸行一月」を解決するときに、重要な視点となり方法や手段を暗示し、示唆している風に見える。

牛利《ゴウリ》と古宇利《こうり》島、と屋我地《やがち》島

難升米の副官と想われる牛利をゴウ・リと読んで探すとすぐに見つけた。運天港の北東一・五キロ周囲四キロほどの小島「古宇利島」である。『風土記』によれば現在の古宇利島の古名は「沖の郡《こうり》島」であり、元はその南にある屋我地島（周囲十七、八キロ）を本来古宇利島と呼んでいたと説明されている。したがって副官の牛利はその二つの島を配下においていることになる。地名変遷は簡単に、
牛利《ゴウリ》——郡《こうり》——古宇利《こうり》　であろう。

掖邪狗《セキヤク》と勢理客《セリキャク》

難升米の後任かもしれない「掖邪狗」、どう読んでいいのか。「掖」の漢音はエキ、呉音はヤクである。そして披と似た字「液」を調べてみると意味欄に「掖に通ず」とあり、液の音欄にセキがある。掖は液と通ずるのであるから「掖《セキ》」と読めるのではないかと考え、呪文・念仏音の中に「掖邪狗《セキヤク》」を加えて探してみれば「勢理客」という地名が三カ所見つかった。一つは難升米の伊是名島に「勢理客《セリキャク》」があり、一つは牛利の屋我地島の近く運天港の南に同じ文字の「勢理客」、もう一つは那覇市から近い浦添市の入り口に「勢理

客」が在る。同じ文字の地名が三つも在るとは何かを暗示しているのだが、人名のセキヤクと地名のセリキャクでは、リが一音多いが似ているではないか。

　掖邪狗は魏國より率善中郎將の称号と印綬を賜わった功労者であるが、どういうわけか一つの島を所有している気配がない。地名の「勢理客」二つの位置は、先任者の難升米の島と牛利の島の近くにあることから想像してみると、難升米や牛利の近辺で両者に追従、協力している風に想える。先任者の牛利の称号は「率善校尉」であるから後任の掖邪狗の方が上位の待遇を魏國で受けているが、倭國の国内における地位は逆なのであろう。そして浦添の「勢理客」にもその傾向がある。尚琉球王朝（西暦一四〇五年より始まる）の首都は首里《しゅり》だが、その前の王朝である英祖《えいそ》系王朝（西暦一二六〇～一三五四）のときも、さらに前の舜天《しゅんてん》王の王朝（西暦一一三八～一二五九）のときも、この浦添が首都であり政治の中心部として栄えていたのである。その古都・浦添の入り口付近に「勢理客」が在るという状況は、大王たちのような主ではなく（舜天王も英祖王も浦添出身である）副の地位にあるように想える。家柄が、家の格式がそうなのであろう。

伊聲耆《イシャウキ》と伊差川《いさし》、と英祖王《いぢき・いくさもい》

「伊聲耆」をイセイキ・イシャウキ、あるいはイセイシ・イシャウシ、などと読んでその音韻に似た地名を探すと「伊差川《いさし》」などが見つかる。「伊差川」は牛利の島に近い「勢理客」とあまり離れていない所の地名である。

掖邪狗（＝勢理客）とコンビで魏國を訪れていることを考えれば適当な位置に在る。伊《イ》聲者《セイシ》と伊差川、似ているのだが今一つ説得力が弱い。その他伊敷索《イシキナフ》・慶伊瀬《ケイセ》（島）などの地名を検討してみたが地名の変遷を決定づけるような古い地名などは抽出できず、どうも判然としない。伊聲者の痕跡がはっきりしないといえば、実は『倭人伝』の文章の方にも不思議な文章構成が感じとれる。

最初に記録された二人は「大夫難升米・次使都市牛利」と連記され、その地位に応じての称号と印綬があった。そして『倭人伝』全文中で「難升米」の文字は八回、「牛利」の文字は五回表記されている。後の二人の連記は「使大夫伊聲者・掖邪狗等……」と伊聲者が先に書かれているのに、労賜の表現は伊聲者を省いて「掖邪狗等、率善中郎將の印綬を壹拜す。」と記録され、「伊馨者」の文字は一回きり、「掖邪狗」は三回表れる。伊馨者も資格は使大夫だからあるいは掖邪狗と同じ称号と印綬があったかもわからないが、『倭人伝』の表現は掖邪狗を評価して伊馨者を疎外した文章構成になっている。その行間に、伊馨者は魏國側にとって面白くない人物だったことを暗に示しているのではないか。不穏な予感がする。伊聲者の身辺で何か異変が起こっているかもしれない。その痕跡がはっきりと摑みにくいのは倭人伝の正常でない記載方法の裏にある事情が作用している風に想える。

魏國側から見て面白くない人物とはどのような倭人であろうか。普通の人間とは異なる異常な性格、激しい人、微慢な奴、身勝手な田舎者、裏腹な男、危険な思想家、ヤクザ者、酒乱、いろいろ考えているうちに沖縄の特異な人物が浮かびあがった、英祖王朝の創造者「英祖《えいそ》王」自身である。

その前の王朝、舜天王の王統は三代、七〇年間で終わるが、この王統に対する人民の怨嗟の声を利用して崩壊させ搾奪して大王にまでのしあがった豪の者、並の者とも想えない人物が「英祖王」である。この英祖の王朝も、英祖―大成―英慈と三代目まではよかったが、四代目の玉城《たまぐすく》王が酒乱の類で五代までの九四年間で終わる。

英祖王の出生地は浦添市の近くに在る「伊祖《いーず》」邑であるが、「勢理客」とはかなり近い位置にある。父は恵祖であるが、恵祖《えぞ》・英祖《えいそ》、その子英慈《えいじ》の出身地伊祖、と読んでみると何となくイセイシ・イシャウシの音と似ている。そして、沖縄の古歌謡集「おもろさうし」の中に英祖王の童名が書いてあった。「いぢきいくさもい」が童名である。いくさもいの〝もい〟は美称であり軍にたけた者という意味らしいから、「いぢき」が本名である可能性が強い。

もし大王の元の名が英祖《イジキ》なら伊馨者《イシャウキ》と音韻が重なり、その出生地が勢理客（＝掖邪狗）に近い伊祖であるから、掖邪狗《セキヤク》の勢理客《セリキャク》と伊馨者《イシャウキ》の英祖＝伊祖と地名が並んで痕跡を残していることになり、いよいよ真実性が高まってくる。三世紀の伊馨者から一千年後の十三世紀の英祖王までその氏姓の音韻と特異な体質の血脈が延々と続いていることになるが、自信が持てなかった牛利の島の近くにある「伊差川」も付近にある勢理客と感応し増幅されて可能性と信頼性が高まるではないか。崇高な方位東方に女王と高官四人の名前に酷似した島が五つ並び、反対側の西方には重臣四人の名前から変遷したと想われる島と地名が確認できる。さらに本島のド真ん中に「山内」と「魏古城」が在り、極南界に帥升王の「首里城」がある。地図上での推理であるが、これだけの状況が揃っていれば無視はできまい、きっと邪馬壹國にちがいないのだ。

この状況は直接「邪馬壹國」を証明する物的証拠ではない。間接的な状況証拠の三つ目のものである。機会があれば後日説明しなければならない第一と第二の状況証拠と組み合わせてみれば立体的に「邪馬壹國」の全影を浮かびあがらせて透視できるが、直接的な物的証拠はそれ以後の発掘と調査に期待できる。

発掘と調査の対象となる地点は第一に女王の「卑彌呼《ヒジア》」の島であるが、その島は、はたして発掘に値するような古さを持った曰くのある島なのであろうか。その島が見たい!! もし仮に岩ばかりでとても人間など棲めるような所でなかったら、残念だが妄想の中で夢を見ていたことになる。その島を見ておこう!! 自分の目で確と見とどけたかった。その島が見たくて矢も楯もたまらず、仕事を終えて汽車に乗ったのが十年前の誕生日の深夜……、免許証には四月十九日だとコピーされている。

女王卑彌呼の島

島の名は「平安座島」で現地音はヘンザだと前に説明した。その島を凝視して立ちすくんだ砂浜は勝連半島の金武《きん》湾に面した与那城村の海岸らしい。南北に細長い沖縄島の中ほどに太平洋側に指を差したような形で突出した半島、北の金武湾側が与那城村、南の中城《なかぐすく》湾側が勝連町と、縦に二分されている。与那城と勝連で「与勝半島」が正式名であるが、通称勝連半島と呼ばれている。これらの地名が暗示するように古い城跡名勝が多い。例えば安慶名《あげな》城跡は隆起サンゴ礁の断崖や傾斜地を生かした沖縄では珍しい輪郭式の城跡で、その出土品からかなりの勢力をもっていたことがうかがえる。約六百年前の築城といわれている。また勝連城跡は群雄割拠時代の風雲児阿麻和利《あまわり》の居城として知られており、大和の都＝鎌倉にたとえられるほど繁栄した城下町であったらしい。その阿麻和利に亡ぼされたのが中城城の護佐丸《ごさまる》であるが、中城城は護佐丸の計画に関わるものといわれているから尚泰久時代の一五世紀中葉の営造ということになる。また、与那城城、石川の伊波《いは》城、具志の南部にあった喜屋《きや》武城、嘉手納町にあった屋良城なども大方は戦国時代のものであるから十三世紀以降ということになり邪馬壹國の時代に比べればかなり新しい。だが「魏古城」の例もあるように新しい築城は古い城跡の上に営造されることが常であるから、記憶しておくのも当然である。

砂浜より少し行くと与那城村の主邑屋慶名《やけな》港に着く。平安座島は屋慶名の海岸より東北約四キロの海上にある周囲八キロばかりの小島である。元は屋慶名港より連絡船で平安座島に渡っていた。最近は屋慶名の海岸からサンゴ礁の海を埋立てた、S字形の平安座島に至る舗装路が、橋スタイルでないので、海中道路と呼んで世界無比の景観を示す。そのS字形の海中道路をゆっくりと車で十分「平安座島」に着く。

島に着いてがっかり、島の大部分が石油基地となっていて、石油会社の入り口は金属製の扉で閉ざされ守衛が居て島の内部に入れないようになっていた。石油タンクが乱立し、石油の備蓄量七〇〇〇万キロリットルという世界的規模のコンビナート基地である。千数百人の島民たちは勝連半島に面したほんの僅かな島の周辺部に集まり生活しているようだ。

島の古老、公民館の館長らしき人に会い、平安座島の古代についての状況を聞いてみた。いきなり館長は、「古い時代、この島に何か重大な、とてつもない重要な〝何か〟があったらしい。その〝何か〟ははっきり解らないが、その時期を問われれば神武以前のような気がしてならない」と開口一番に説明してくれるのである。まさか館長は邪馬壹國のことに気付いているのかと、びっくりした。そんなはずはない、この島が女王の島であることを知っている者は日本で、いや地球上でたった一人しかいないはずだ。館長が知っているわけがないのにどうしてこのような発言をするのであろうか。その頃NHK取材班もこの島に来たと館長が話していた。「未来への遺産」シリーズの頃である。あるいはそのNHKの取材班も気付いていたのか、それとも琉球大学の関係者の中でそのような発言をした人がいたものか。何故館長はそのような……、その古老のハブに咬まれてふくれあがって癒着したという足首を見つめながら考えこんでしまった。

すでにこの島に気付いた者がいたのであろうか心配になってきた。そんなはずはない。館長は何を根拠にそのような……。ふっとスコット隊長の話が想い浮かぶ——イギリスの南極探検隊長スコット、命がけで南極０点に到達したが、そこにはすでにノルウェーの国旗が突きさっていた。南極０点はすでに一カ月前ノルウェーのアムンゼンによって到達征服されていたのである。初征服の雄図は破れた傷心のスコット隊長と隊員、帰路悪天候と食糧不足と燃量不足のため全員非業の最期をとげる。死の直前まで意識朦朧とした中で綴る日記……、まさに英雄である。その死を悼むこともあるが何よりも一番乗りを、初征服を信じていたスコット隊長の心中が哀れで残念である——耳もとで無口な長浜青年の声がした。

棚の中に変なものが無造作に展示されているという。館長の話によれば、島の漁師が海岸のサンゴ礁の中に埋まっていた物を拾ってきたのでサンゴを削り落としてみると、中から「黄金のかんざし」が出てきたそうである。しまった!!　竜宮城のお話だと感心ばかりはしておれない。魏國から「卑彌呼」に贈られた黄金の「金印」はどうなっているのか。もしかして、この島の古い時代に「黄金のかんざし」に造りなおされたのではないか。もはや「金印」はのぞむべくもない、とがっかりしてしまった。

女王の居城や「百歩塚」の痕跡は残っているのであろうか。観光案内書には「石油タンクが立つ埋立て以前の島の中央部に当たる丘陵に西城《いりぐすく》の古城跡がある。誰が、いつ頃、築いたかは不明だが、連郭式の城跡で現在その城郭の一部が残っている……」と説明されている。誰がいつ頃築いたか分からないというのが不思議に想われる。こんな小さな島の中央部、山頂にある「城」の主の出自が何故島民たちに語り伝えられないのか、その伝説さえ皆無とは、何か事情があるのであろう。館長の案内で石油会社の鉄の一扉の中に入り、入り口から少し歩くと右側に洞穴があった。中をのぞくと一台の駕籠が安置されており、その造りからかなり「高貴の人」の乗りものであることが感じとれるが、平安座島の「高貴の人」の歴史は全く不明である。駕籠は原型をとどめているから古いといっても数百年前のもの、丘の上に在ると説明されている西城と関連して考えてみて、一千七百年前までさかのぼることはできない。おそらく駕籠も城も王朝時代の遺物であろう。それから村の南端に横穴式の古墳が在るというので館長に見せてもらった。崖の上に穴が幾つもあいていて恐る恐る中をのぞいたら、かなり大規模の横穴式古墳である。沖縄独特のカメ棺が大小数十基、乱雑に押し込めるように並んでいる。もしもと期待していたが女王のお墓にしてはお粗末…。

たった一つだけ、それらしき古い〝もの〟があると、沖縄から帰ってきてから気が付いた。島を出るとき館長からもらった本『平安座―その名についての一考察』の中で著者奥《おく》田良《だう》寛春《かんしゅん》氏（平安座出身でシカゴ新報在籍らしい）が説明している〝もの〟である。その要旨を抜粋する。
●平安座島がどういう所であるかを知ってみるためには現地を踏査する必要がある。最初に行ってみる所が山頂のグスクという所である。
グスクという所はどういう所か、ということになるが、とにかくそのグスクとなった山頂に上ってみると島の全貌がたちまち眼下に展開する。グスクは島を見守る祖神が降臨した聖地だと信じられていて、山の高い所にある。聖地としての構造は一丈たけの石垣を積み、その構内に古い林があり、一見城郭の外形をしている。その中に繁茂した林があって一段と聖域らしい神々しさを増している。その奥まった所に祠《ほこら》があり、祠には甲貝やホラ貝のような螺殻が数箇祀ってある。螺殻が神の宿りの印になると信じて祀ったものである。神の宿りつく依代《よりしろ》には、岩石や老木が用いられるのが常である。平安座の場合は、それが異例であるのでその注意価値は高い。神の宿りつく依代はイビまたはピズルということばで呼んでいる。こうした地域が斎《にわな》いの中心部である。そこに目印にした石材の香炉が二つおいてある。男子禁制の掟《おきて》が昔はあったという目印であるけれども、今はそうしたことはなくなり、誰でも更に奥まった所に進み入ることができて、見晴し台に出る。

見晴し台は南面して、太古ながらの絶景を展開している、足元は、大地が垂れおちた絶壁の上に立った所である。崖下のふもとから平担になった芋畠の耕地が海岸に続いて見える。平安座の村里を形作った林のような木立が、東側の山のしわが出て見えない所から、足下の線まで出て来ている。その林の上には、ひっそりした人家の屋根が、九年母の実の色をなして、ポッポッと出ている。もの言いのつつましい村人の姿に見える平和郷である奥田良氏の言っているグスクは西城とは別の、もう少し南側に寄った地点を指しているようだが、その状況は正に『倭人伝』で語られている、女王とその居城をとりまく環境、風習と非常に似ているのである。また過去、佐喜真興英氏が著書『南島説話』（郷土研究社）、『シマの話』（郷土研究社）の中で指摘されていたことであるが、古琉球の女人政治「キコエ大君」の政治形態と邪馬壹國の女王、卑彌呼のそれとは瓜二つであり、更に琉球大学関係者の「平安座のグスクは古墳である」という論説などを総合して考えてみると、奥田良氏の「グスク」が怪しく浮かび上がる。そのグスクの林の中の何処かに「百歩塚」が、あるいは一丈たけの石垣の更に地下に女王の「宮室・楼観・城柵」などの木片や痕跡が埋没しているかもわからない。後日、発掘調査の対象となる女王の「卑彌呼」の島の中で、真っ先に検討しなければならない地域がこの「グスク」であり、発掘調査の第一現場となる０点ではないか、と想像できる。

少なくとも両書は、奥田良氏の「平安座」と佐喜真氏の「女人政治考」は孤独な旅先で偶然に出会った同志のように頼もしく想われた。二人ともその名前から沖縄出身であることがわかるが、奥田良氏はその０点で生まれたのが原因で、直感的に島の重大性を感じとりながらも本当の意味を知らないまま「平安座」を記録し、佐喜真氏もまたその島で生まれたのが原因で、無意識下で気付いていながら、よもやそうだとは考えられなかった風である。館長のように直感的に「何か重大な」ものを感じながらもその「何か」がわからなかったのであろう。未だ０点に初征服の旗は立っていないようだ。急がねばならない。今出会ったばかりの二人の同志に別れを告げて先に行く。

観光案内書には簡単に地名の「平安座」は干瀬の意味ともいわれ、宮城島の間の埋め立て地や海上道路周辺も干瀬地帯であったと説明されているが、この状況は非常に重要な視点であるから詳しく伝えておきたい。

干瀬のあることが地名になる例は沖縄の場合、海に近いために地名となることが多い。平安座の名称もその一例だと考えられている。すなわち勝連半島の突端にある安慶名の海岸より平安座島まで四キロの間はサンゴ礁が発達生成されて陸つづきの状態になっている。満潮時は海上になるが、干潮時に海底が現れ、その上を定時刻に乗客用のバスが走ってゆくくらいに干瀬が露出する。その実体は平坦なサンゴ礁であるが、このようなサンゴの状態は沖縄の海岸によく現れている現象であり、沖縄古代語ではヒシあるいはピシと呼んでいる。ヒシという言葉は日本語の干瀬という言葉に変化したのではないかといわれているが、そのヒシと同じ義語に「ヒジャ」という語がありその意味は全くヒシと同じである。そしてヒジャが地名となり、その用字に比謝《ヒジャ》、比嘉《ヒジャ》、庇謝《ヒジャ》、火田《ヒージャ》（奄美大島）などが確認できる。平安座島は日本語の干瀬の語原となったヒジャ（サンゴ礁）によって本島が勝連半島とつながっているわけである。

その地名が、その地形によって呼ばれるようになった原則により名称されたことは、勝連半島の屋慶名海岸から長汀四キロの干潟が出ていて、その突端が平安座島になっている状況からわかる。このヒジヤを渡った所に島があるというのが「平安座《ヒジャ》」島の名称になる原因であった。勿論その島の支配者は島の名称を家名とするのが原則であるから、女性であれば女王「ヒジャ」である。そして倭國の地名であるヒジャを魏國側は外来語の当て字に「卑彌呼《ヒジャ》」を用いたのではないか。

その用字は単に漢字の音だけを仮借したのではない。中国人が外来語を漢字で表現する場合、その音に合わせて文字を選ぶが、漢字は本来表意文字であるから漢字の意義を十分に考慮して用いている。例えば外来語のコカ・コーラの当て字に「可口可楽《コカコラ》」口に可し楽しむ可しという風に用いる習性がある。

「卑彌呼」の「卑」は賤しいという意味の他に尊に対して「ヒクイ」という意味をもって

いる。「彌」は「ワタル」の義があり、「呼」はオーイと呼ぶ、叫ぶの意味がある。したがって「卑彌呼」は卑いところを彌《ワタ》って呼ぶと聞こえるほどに近い島ということになる。簡単に地形ヒジヤがその地名ヒジヤとなり支配者名がヒジヤを名乗って当て字は表意文字の卑彌呼が用いられたことになる。地名の変遷を推理してみると、

卑彌呼《ヒジヤ》―ヒンジァ《（ミッシング・リンク）》―ヒヤンジヤ《（ヘンジヤ舟の呼称）》―ひやむざ《（おもむろに表記）》―平安座《ヘアンザ》―平安座《ヘンザ》（島）

このように地形名称、地名、人名、文字の完全一致、そして倭國十傑と山内、魏古城の確認、これらの状況は第三の状況証拠であるが、その島々は偶然に発見したのではない。倭人伝の「郡より倭に至る……」道程の追及の果てに浮かび上がった島々である。したがって状況証拠のみで立証しなければならないものなら、第一状況の「郡より倭に至る……」道程、すなわち狗邪韓《くざい》國、対馬《つしま》國、一大《いたー》國、末盧《ばつりょ》國、伊都《いと》國、奴《な》國、不彌《ふじ》國、投馬《とーま》國、及び旁國二十一カ國などの比定が、より重要である。今は倭國三十カ國、比定一覧表をとりあえず添付して（１９３～１９４頁参照）、それらに関する第一状況は他で説明する。

或は絶え、或は連なる

南海のサンゴ礁の海には不思議な現象がある。年に一度だけ、それも数時間だけ浮かび上がって島となり、後は消えてゆく島もあれば、双子島と呼んで、現在二つの島が元は一つの島であったというものもあり、またどんな大きな津波や高潮がきても沈まない「浮島」みたいなものもある。これらの現象は皆サンゴ礁のなせる業であるが、『倭人伝』の「倭の地を参問するに……」の中で表現されている「或絶或連」の四文字もそのサンゴ礁と関連していると考えられる。

勝連半島と平安座島はヒジヤによって物理的に繋がっていて「或連」の状態である。平安座島と宮城島はどちらも周縁部にヒジヤが発達生成されてもう少しで繋がりそうだが百五十メートルほど断絶しており「或絶」の状態を示しており、一計島や浜比喜島、津堅島は「或絶」である。したがって『倭人伝』の「或絶或連」の表現はこの五つの島の状態を表現しながら、もう一つの状態、琉球列島全体の状況を説明している風にみえる。琉球列島を地図で見ると、海中に一つだけポツンと孤絶した島もあれば二つ三つ並んで連なっている島もあり、「或は絶《た》え、或は連《つら》なる」と表現されて適切である。漢字は表意文字で一字一字意義をもっているが、その意義も第一義、第二義などと数種類の意味を含んでいる。例えば「連」は並んでいる状態の〝ツラナル〟の意味もあるが、物理的に〝接グ・繋グ〟

の意味もあり、その対立語となっている「絶」も物理的に〝絶チ切ル〟意味もあれば、もう少し軽い〝止ム・過グ・隔〟などの意味もある。したがって、列島の方は軽い意義の「或は孤立した島もあれば、連なって並んでいる島もある」、五つの島については強い意義の「断絶した島もあり、繋がってしまった島もある」という風に、強弱二つの意義を意識的に、倭國の二つの地形や状況を同時に表現しているのではないか。漢詩とか歌詞などによく用いられる手法であるが、記録風に綴られている『倭人伝』の二千文字の中で最も詩的な語感をおびて語られるのがこの「倭の地を参問するに……」の一節である。

南海の不思議な現象であるサンゴ礁の実態についてては未解決の部分が残されている。その生成過程について進化論で有名な生物学者のダーウィンが「沈降説」を唱え、その説が今日のサンゴ礁成因論の基礎になっているが、その理論だけでは説明できない現象があるので、別の地質学者によって「氷河制約説」が補足的に唱えられている。それでも海洋地質学者たちの説明は歯切れが悪い。この状況は、ダーウィンも地質学者も部分的には解決している風に見えるが、実は信用してはならない。機会があれば後で、仮説を立てて解決を試みる。

この不思議さを象徴するかのように女王の名前が卑彌呼とは正に暗示的ではないか。それも一千七百年前の中国人がその現象を見ているのだ。それだけではない、日本側の『古事記』の冒頭にもサンゴ礁の生成過程のある時期の状態を伝えている風に聞こえる一節がある。

「國稚《わか》く、浮脂《うきあぶら》の如くして、久羅下《くらげ》なす漂《ただよ》へる時……」

一つの国土や島が海の中を久羅下のように漂うことは自然科学的にはとても考えられない。とすれば一国の政治的経過状況を〝海中の久羅下〟に比喩して語り伝えようとした、と誰でも考えてみたくなるのも当然にみえる。造礁サンゴの北限である沖縄以北に住んでいる人々の常識的な感覚といってもいい。〝処かわれば品変わる〟で南界のサンゴ礁の海で生活している人が『古事記』の一節を聞けば全く違った感覚で、すなわち現実に海の中を久羅下のようにプカプカと一年に一度浮かび上がってくる島等を見なれているのだから、ためらうこともなく文字どおりの状態の島国を想像して素直に理解するにちがいない。ダーウィンよりも『古事記』の語部《かたりべ》たちの方がサンゴ礁の状態をよく観察していたのではないか、といいたかった。

象徴的に、女王の名前が卑彌呼で実体はサンゴ礁である。一国の女王がサンゴ礁の家名を名乗るのは偶然のように見えるが、沖縄本島や周辺の島々の大部分にサンゴ礁が生成されているとすれば当然それに因んだ地名が多くなり、それが家名となる必然性があった。この必然性と原因があって、結果として女王・卑彌呼があるとすれば、その因果を簡単に「宿命」という言葉で表現したのである。

●倭國三十カ国の比定一覧表

順	国名	比定地域
0	郡（徼《キョウ》）	安東《アントン》（中国と朝鮮の国境地帯）
1	狗邪《クザ井》韓國	巨済島《クオジェー》（韓国）
2	對海《ツイマ》國	対馬（長崎県）
3	一大《イター》國	五島列島（長崎県）
4	末盧《バツリョ》國	八代《やつしろ》（熊本県）
5	伊都《イト》國	小林盆地（宮崎県）
6	奴《ナ》國	都城盆地と古・那珂郡（宮崎県）
7	不彌《フジ》國	富士《ふじ》を含む日南海岸地域（宮崎県）
8	投馬《トーマ》國	奄美《あまみ》大島（奄美諸島）
9	邪馬壹《ヤマイチ》國	沖縄本島・中部と北部（沖縄島）

順	国名	比定地域
21	華奴蘇奴《タワナソナ》國	渡名喜島《となきじま》と出砂島《いですなじま》（沖縄諸島）
22	鬼《キ》國	喜界島《きかいじま》（奄美大島）
23	為吾《井ゴ》國	伊江島《いえじま》（沖縄諸島）
24	鬼奴《キナ》國	沖永良部島《おきのえらぶじま》（奄美大島）
25	邪馬《ヤマ》國	座間味島《ざまみじま》を含む後・ケラマ（沖縄諸島）
26	躬臣《キュウジン》國	久米島《くめじま》（沖縄諸島）
27	巴利《ハリ》國	渡嘉敷島《とかしきじま》を含む前ケラマ（沖縄諸島）
28	支惟《キイ》國	慶伊瀬島《けりせじま》（沖縄諸島）
29	烏奴《ウナ》國	与論島《よろんじま》（奄美大島）
30	奴《ナ》國	沖縄本島・南部（沖縄島）

10	斯《シ》馬《マ》國	宇治群馬と草垣群島（大隅諸島）
11	己《コ》百《ヒャク》支《キ》國	甑島《こしきじま》（鹿児島）
12	伊《イ》邪《ヤ》國	屋久島《やくしま》（大隅諸島）
13	郡《グン》支《キ》國	種子島《たねがしま》（大隅諸島）
14	彌《ジ》奴《ナ》國	三島村＝竹島・硫黄島・黒島（大隅諸島）
15	好《コウ》古《コ》都《ト》國	横当島《よことじま》と上ノ根島（トカラ列島）
16	不《ブ》呼《ア》國	徳之島《とくのしま》（奄美大島）
17	姐《シャ》奴《ナ》國	請島《うけじま》と与路島《よろじま》（奄美大島）
18	対《ツイ》蘇《ス》國	吐噶喇《トカラ》・十島《としま》（トカラ列島）
19	蘇《ソ》奴《ナ》國	加計呂麻島《かけろまじま》（奄美諸島）
20	呼《ア》邑《オツ》國	粟国島《あぐにじま》（沖縄諸島）

（備考）
　女王に服さず。
・東の狗奴國＝大東島諸島
・南の朱儒國＝西表島
・東南の裸國＝グアム島
・船行一年の黒歯國＝フィジー諸島

この章でのポイント

・女王卑彌呼が統治する「邪馬台國」は、沖縄の北部・中部に比定することができた。この地はまぎれもなく日本の極南海で、南の水平線上には南十字星が見える。
・しかし、卑彌呼の死後に内乱が起きたのをはじめとして、現代までの千七百年余の時の流れの間には、70年前の太平洋戦争による犠牲など、興亡が繰り返された。また、現在でもサンゴ礁の海にとり囲まれながら、軍事上の拠点となっている。天国と地獄が同居する「宿命の島」ともいえるようである。
・後漢の頃、倭国の国王「帥升《スイジョウ》」が、生口百六十人を献じ、請見を願っているが、沖縄の首里は「スイ」と読め、首《ス》里《イ》城《ジョウ》＝帥升《スイジョウ》と想像できる。
・女王が都する邪馬台國は、女王に仕える四人の高官の名前の島が護衛するように真ん中に位置している。島の名前は、イケイ島、ミヤジョウ島、ハマヒガ島、シカタイ島で、女王の島は「平安座島」（ヘンジャ）である。
・女王卑彌呼の島は、ヘンジャであるが、卑彌呼（ヒジヤ）の名の変遷は、ヘンザへと推理できる。
・さらに、『倭人伝』から、旁國二十一カ國の比定、倭国三十カ国を比定できる。
・『古事記』の冒頭には、サンゴ礁の生成過程のある時期を伝える「國稚く、浮脂の如くして、久羅下なす漂へる時……」とある。

第4章 「生口」論争

生口は、俘虜や捕虜ではなく、
技能者集団であった

●あらすじ●

「生口」とは、どのような人たちを指すのかという疑問が、昔から語られてきた。なかでも、昭和三年から五年にかけて学界では激しい「生口論争」が展開され、生口の留学生説や、俘虜または捕虜という説、奴婢説などが主張されたが、奴隷説は無かった。

生口については、『魏志倭人伝』に、「親魏倭王卑彌呼に制詔す。帯方の太守劉夏、使を遣わし汝の太夫難升米・次使都市牛利を送り、汝献ずる所の男生口四人・女生口六人・班布二匹二丈を奉り」と記録されているのをはじめとして、『魏志・濊伝』『後漢書・倭人伝』『宗史・遠継忠伝』など、多くの文献に記載されている。当時の時代では相当注目されていた存在であったのだろう。すなわち、奴隷でなく、単なる俘虜や捕虜、奴婢ではなかったことを推認させるといえよう。

生口の経済的価値や社会的評価から、「技能者」だったのではないだろうかということが考えられる。また、生口という文字を分析すると、生口への概念は大きく変わってくる。それは、生口と大口という文字との関連性である。本文で詳しく説明していく。

生口は、自己の能力を生かすために、自己の意志で渡来を希望していったと思われる節もあるが、はたしてどうなのだろうか。

生口《なまぐち》論争・「生口」とは、俘虜・捕虜なのか？

『倭人伝』の「水行を阻む、フクチの浜」について、絶望的な解読不能の状態となり、その打開のための「想像」を重ねた頃、新聞やテレビを見ることを徹底して避け、二〜三年続いていた。それは精神エネルギーをヤマタイ国に集中する意味よりも、間違いだらけの常識、実しやかに述べられた学説、部分的で一面的で短絡的な専門の論説など、それらを〝知識〟として一度記憶されると、物事を判断しようとする時、無意識的にその記憶されていた知識が作動してくることを恐れたのである。

ところがある日、見ないようにしていたテレビが目の前にあり、番組は漫才師が司会するクイズなので、別に気にすることもなく、ぼんやりと見ていたようである。クイズの内容は角力取りの〝チャンコ鍋〟の語源が問題であった。その正解は『広辞苑』に記載されている「チャンコ＝（爺《ちゃん》こ）は〝おっさん〟などの意で相撲部屋の料理人……」だと。顔を見ただけで笑い出してしまいそうな漫才師が、身振り手振りおかしく説明している。たわいのない言葉を種《ネタ》にして、それをクイズなんて、いやそれを面白くするのも芸のうち……。……、これだぁー!!

その瞬間に〝チャンコ〟と「生口《なまくち》」の中国音「シャンコー」の類似音に気付いたのだ！

同時に、その音韻の背後に、身体が角力取《すもうと》りのように大きくて、ヤマタイ国の風習よろしく全身を「朱丹《あか》」く塗った〝巨人〟の像が鮮明に、それは寺院の山門の両脇で仁王立ちしている、あの大男と同じ形相の者で、今まで漠然として正体が掴みきれなかった「生口」の実体像が輪郭をはっきりさせて、連想されてきたのである。

中国語の語彙「生口」は、現在は死語となっていて、辞書には一応〝俘虜《ふりょ》・捕虜《ほりょ》〟と訳されている。

「生口《なまくち》」は、『倭人伝』などに表記されている「生口」は、文章の前後の状態から〝俘虜〟と訳してはいる。だが、その文面の意味がちぐはぐになって状況に合わない。それで古語のそれとは〝別の状態の口《ひと》〟を指す語彙であったと考えられるのだが、それが〝どんな口《ひと》〟なのか判然としない。例えば、『倭人伝』や『後漢書』あるいはその他の古文献に現れる「生口《シャンコウ》」の記述・状況は次のとおり。

〈魏志・倭人伝〉


「…もし行く者吉善なれば、共に其の生口・財物を顧し、もし疾病有り、暴害に遭えば、便ち之を殺さんと欲す。其の持哀《じあい》謹まずと謂えばなり」

「其の年十二月、詔書して倭の女王ら報じて曰く、親魏倭王卑彌呼に制詔す。帯方の太守劉夏、使を遣わし汝の大夫難升米・次使都市牛利を送り、汝獻ずる所の男生口四人・女生口六人・班布二匹二丈を奉り以って到る。汝が在る所踰《はる》かに遠きも、乃ち使を遣わして貢献す。是れ汝の忠孝、我れ甚だ汝を哀れむ。今汝を以って親魏倭王と為し、金印紫綬を假し、……今、絳地交龍錦五匹・絳地縐粟罽《すうぞくけい》十張・蒨絳五十匹・紺青五十匹を以って、汝が献ずる所の貢直に答う。又特に汝に紺地句文錦三匹・細班華罽五張・白絹五十匹・金八兩・五尺刀二口・銅鏡百枚・眞珠・鉛丹各五十斤を賜い…故に鄭重に汝に好物を賜うなり」

「其の四年に倭王、復た使大夫伊聲耆・掖邪狗等八人を遣わし、生口・倭錦・絳青縑緜衣・帛布・丹・木拊・短弓矢を上献す。…」

「卑彌呼以って死す。……壱與、倭の大夫率善中郎将掖邪狗等二十人を遣わし、……男女生口三十人を献上し、白珠五千孔・青大勾珠二枚、異文雜錦二十匹を貢す」

（魏志・濊《わい》伝）

「其の邑落を相侵犯し、輙《もっぱ》ら相《えら》びて生口・牛馬を罰責す。之を名づけて責禍と為す」

（魏志・王昶伝の注）

「又人に与ふるに共に生口を買う」

（後漢書・倭人伝）

「安帝の永初元年。倭の國王師升等、生口百六十人を献じ、請見を願う」

（後漢書・高句麗伝）

「明年（安帝建光二年）、遂成、漢の生口を還し、玄菟に詣り降る。詔して曰く……生口を送る者に、皆贖を与ふ。直《あたい》は縑《きぬ》人ごとに四十四、小口は之に半《なかば》す」

（後漢書・鮮卑伝）

「刺首数百級、大いに其の生口・牛羊・財物を獲る」

（南史・蕭励伝）

「励、征討して獲る所の生口・宝物・軍資」

（宋史・曹瑋《そうい》伝）

「生口・孳蓄を獲ること甚《はなはだ》多し」

（宋史・遠継忠伝）

「三砦《さい》を破り、生口・馬・牛・羊・鎧仗《がいじょう》を得て、万を踰《こ》えて計《かぞ》ふ」

（宋書・高麗伝）

「生口・牛羊・財物・器械を俘獲す」

（漢書・李陵伝及び蘇武伝）

「生口を捕得す」

参考（清代の趙翼《ちょうよく》が説明している〝陔余叢考《がいよそうこう》の解釈〟）

「生口は軍前生擒《せいきん》の人」

「今、北人乃ち驢馬の類を謂ひて生口と為す」

生口は、技能者だったのではないだろうか。

『魏志・倭人伝』に表記されている「生口《なまくち》」の性格について、その他の文献の「生口」の状態が引用されて（前記）、昭和三年から五年にかけて集中的に、学界ではげしく〝生口論争〟が展開されたらしく、その経緯が『研究史邪馬台国』（吉川弘文館―佐伯有清著）に載っていた。

それを読んでみると〝生口論争〟では、各種の見解が提示された。〝留学生説・俘虜説・奴婢説・未開人説〟であるが、〝論争〟の中核となっているのは『Ｔ氏の見解』で、前の各説を批判または反論しながら自身の『見解』を語り、それが最も妥当な考え方だと思われた。その要点を『研究史邪馬台国』から抜粋引用し、並べてみる。
●生口という語は、後漢書―西南夷伝・西羌伝・南匈奴伝などの用例から、ふつう戦いによって獲得した捕虜の意味にもちいられているが、魏志倭人伝の生口は、女王からの贈物として献上されたものであるので、もとより捕虜の意味をもつものでないこと明白であるけれども、さりとてそれに留学生の意味があるとも思われない。
●中国の皇帝に生口を貢献する例は、倭國以外には、全く見当たらない。ただ「後漢書―烏桓伝に「闕に詣り朝貢し、奴婢・牛馬及び弓・虎豹貂皮を献ず」とあって、奴婢を貢献する記事があるけれども、倭國の生口は、この種の奴隷とも思われず。
●当時、倭國からの貢献が、生口以外には、わずかな物品であったのに対し、魏からの答礼賜物が、おびただしい数量にのぼり、かつそれが「汝が献ずる所の貢直に応ふ」るにあったとすれば、当時、生口に対する魏人の経済的評価が比較的高かったらしい事実がわかり、そこで生口は、単に奴婢として使用するような比較的無価値な性質のものでなく、また留学生というような魏のほうで別に有難く思われる性質のものでもなく、魏のほうで、生口を受ければ、とくに利益として喜んだ性質のものであるらしく思われるから、生口は、当時の魏人の及ばない技能をもっていたものとみなければならない。
そうとすれば、この「生口」が、「善捕魚者」、とくにおそらく「潜水捕魚鰒」の類であることは、ほとんど疑いのないところであろう。
●また倭人の貢献した生口が、中国で、当時どのような業務労役に従事したかは、とうてい確言することはできないが、そのなかには奴婢として使用されたもの、あるいは役夫として働いたものもあったであろうが、また潜水に巧みな倭人は、そのほうの業務に使用されたものもありえたと考えられる。
●また、ある場合の生口は、捕虜の性質をもつと同時に、奴婢の意味を併有していたことは明白である。
●そして生口とは、本来「生きたる人間」の意味で、生口という語そのものに捕虜の意味があるわけではなく、戦場で捕らえられた生口が、すなわち捕虜なのであり、同時に奴婢その他の意味をもつものである。

「生口《なまくち》」の経済的価値

「生口」とは、大体そんなものだと分かったが、その「見解」からすでに六十年経っても、その考え方に進展はなく、十数年前の〝フクチの浜〟で呆然としていた頃も同じ状況であった。それにしても、今一つ「経済的価値が高い」という「生口」の実体が判然としない。

「価値が高い」その理由が、「生口」の実体だと考えられるわけだが……。それで、「生口」本来の意味は「生きたる人間」だと言っているが、人間は誰でも「生きたる」もので、それでは国王や皇帝も「生口」と呼んでいいはずのものだが、それが特殊な条件下の者しか「生口」と呼ばない……？　とすると、本来の意味だという「生きたる人間」の解釈の方が状況と合致していないことが分かるので、「生口」本来の意味は、それと異なる別の〝特殊な状態の人間〟を示唆していることになり、さらにその「生口」本来の意味こそ、「生口」の実体である可能性が考えられ、多分その実体は「経済的価値が高い」理由と表裏一体となっているはずだ。

『倭人伝』の「生口」を普通「生口《なまくち》」と読んでおり、中国・北京音は「生口《シャンコウ》」である。語尾の「口《くち》または口《コウ》」の意味は、結論的に簡単に言えば〝人間〟を指す文字だと考えられ、不審な点はない。

問題は頭文字の、〝特殊な状態〟を表現しているはずである「生」で、中国語は数種類あり、意味も次のように、①義から⑬までである。
・中国音北京音シャン、漢音セイ・サウ、呉音シャウ
・意味　①生む・生まれる、②はえる・発生する、③加える、④生きる・生きている、⑤なま・なまのまま、⑥未熟だ、⑦よく知らない・未知の、⑧大変・ひどく、⑨無理に、⑩読書人・学業のある人、⑪接尾語（好生・怎生）、⑫芝居の若い男役、⑬成長する（呉語）
試しに、⑩義をとって「生口」を解すと〝学業にある口《ひと》〟と訳し、それで〝留学生《セイ》〟が発想されることになる。また⑥義をとれば〝未熟の口《ひと》〟となり、熟番《じゅくばん》に対して生番《せいばん》＝〝未だ王家に属せぬ野蛮人〟が発想され、また④義をとれば『生きたる口《ひと》』となるが、このような解釈は、『倭人伝』などの文章の状況とは合わない。

その他の各義も一応考えてみたが、どうもよく分からない。何よりも、この一三種類の各義は現代中国語の意味なので、もし古代の「生《シャン》」に、現代にない意義が内在していたものであれば――現代の意味だけを探っていたところで意味がないから――その予測が不安感をかきたてて、各義の追求の意志が集中力を失って、阻害されているようである。それ

で、日本語の「生《なま》」の各種訓み方や意義に手懸かりがないかと『大字典』で調べてみると、意義も大雑把に二〇種類ほどあるが、その数の分だけの訓み方ができる。

（日本語「生《なま》」の各種意義と訓《よみ》）
（一）生まる・生む、（二）アル、（三）ハユ、（四）オフ、（五）ナル・スル、（六）オコル・オコス、（七）イヅ・イダス、（八）イク・イキナガラ、（九）ヤシナフ、（十）死の対、（十一）イノチ、（十二）性、（十三）産業、（十四）ナリハヒ、（十五）瑕ナシ、（十六）ナマ、（十七）キ・ウブ・純粋、（十八）産ノママ・原体、（十九）イキモノ、（二十）学習の人・弟子、
　普通「生口《なまくち》」と読むのは、（十六）義の「生《ナマ》」を仮に用いているわけだが、「生口《ナマぐち》」とか「生口《ナマコウ》」と訓んでみても、ほとんど意味が分からない。その他の例えば（一）・（三）・（四）・（十三）・（十五）・（十七）の各義の訓を用いて「生口《ウムぐち》」・「生口《ハユぐち》」・「生口《オフぐち》」・「生口《セイコウ》」・「生口《キズナシぐち》」・「生口《キぐち》」などと訓んでみても、その意味が分かったような、分からないようなで、とても『経済的価値が高い』という実体を連想させるような意味の「生口《なまぐち》」がない。だが、「大字典」には漢字「生」の字源説明があり、その中で「生」本来の意義が説明されて何か、気配がある！

（大字典「生」の字源説明）

「象形（屮）。草が地上に芽を出し、発育する形を象《かたど》る。屮は草の芽。之が更に伸ぶれば

出となる、下の一は土を象る。発育する義よりイク・ウマル・オコル等の義となり、更にイケル物を総称する義となる」

字源説明により、漢字「生《シャン》」本来の意義は、「発育する義」であり、その義が転用されて、(二)生《ウマル》・(六)生《オコル》・(八)生《イク》、などの意味に用いられるようになり、そして三次的に(十九)生《イキモノ》、または(十一)生《イノチ》・(十八)生《ナマ》、更に(十七)生《キ》・生《ウブ》の意味にも用いられていった経緯が分かる。とすると「生口《シャンコウ》」本来の意味は、三次的に転用されてきた(十九)生《イキモノ》の義をとって「生きたる口《ひと》」と解するよりも、根源的な意義内容である「発育する義」をとって〝発育した口〟と解釈した方がより適切で、そのように考えてもいいはずだ。そして、「生口」とは〝発育した口《ひと》〟という意味ならば、「経済的価値が高い」という状況に対して、前の「生きたる口《ひと》」ではほとんど意味をなさないが、〝発育した口《ひと》〟ならば普通一般の人間と比べて「価値が高い」と考えてもいいから、その「状況」と一脈通じてくることになる。

さらに、日本側の「生《なま》」には、その字源説明の「発育する義」に該当する、直接的な訓や義のものが無いが、『現代中国語辞典』に⑬義〝成長する〟(呉音)が収録されているので、中国のさほど古くない時代の頃にいたるまで、その根源的な意義内容の「生《シャン》」が用いられていた痕跡が確認できるわけである。

だが重大にも、そのような意義的内容の「生《シャン》」は(呉語)だと注記されており、すなわち、中国の南部の呉国語の圏域のみで通用していた方言なのだが、結論的に考えてみると、そこはヤマタイ国の根拠地〝沖縄〟に非常に近い。すなわち、この地理的条件から想像した、ヤマタイ国側の通訳が話す中国語は、呉音である可能性が考えられる。もしそうなら、ヤマタイ国人たちもその呉語を踏襲するはずだから、ヤマタイ国が魏國に献上する「生《シャン》口《コウ》」は、呉語の〝発育した口《ひと》〟という意味の者で、普通一般人よりも「価値が高い」能力者として、尊敬の意味さえ含んでいる者なのだが、それを受けとる中国の北部の魏國人たちには、同じ文字の言葉であるにもかかわらず、「生口《シャンコウ》」にはそのような意義内容はないので、「価値が高い」といっても、高価な財物や武器と同じ次元の「価値」を考えていることになる。その「価値が高い」を物品で換算してみると、「小口《シャオコウ》の２倍」の量で、この数値は中国側も倭國側も全く同じなのだが、魏國人は私有できる「２倍」の価値の物品と同じように大切に扱うが、ヤマタイ国人は「２倍」の価値ある人間《ひと》として、羨望と尊敬の意をこめて、見送っているともいえる。

よくある話で、日本から百万円の〝ブツダン〟（仏壇）を送り、百万円の〝ＢＵＴＵＤＡＮ〟を受けとったアメリカは、宝石の入れ物として用いる。値段も名称も現物も全く同じなのだが、その使用状態や扱い方の違いから考えて、全く同じ語彙であっても、日本語〝ブツダン〟の意義内容と、アメリカ語〝ＢＵＴＵＤＡＮ〟の意義内容に差異があることは、歴然としており、その状態とヤマタイ国語「生口《シャンコウ》」と魏國語「生口《シャンコウ》」の関係が似ているのである。そのように意義内容に差異があるので、各々の扱い方にも相異があるわけだが、その頃より千七百年経った現在から見れば、〝差異や相異〟が混乱的に見えるので、〝生口論争〟が展開された起因にもなった、といえる。

また、よくある話で頭脳流出というタイトルなんだが、昭和時代に「2倍」の価値ある人間《ひと》がアメリカに渡っていった、その人間の名称を〝学者〟と曰《い》う。「2倍」の価値ある〝ガクシャ〟を受け入れたアメリカは、「2倍」の利用価値を大切に、優遇するが、もはや日本語の〝学者〟とアメリカ語の〝ガクシャ〟の意義内容は異なるのである。「生口《シャンコウ》」の事例によれば、魏國語「生口《シャンコウ》」はそれ以降〝俘虜〟または〝家畜〟を指す品格のない卑《ひく》い語彙に下落しているので、今から千七百年経った頃のアメリカ語〝ガクシャ〟も、それとよく似た経過を辿っているはずだ。日本においても〝産学協同〟体制の中で、〝学者〟がそのように扱われているとすれば、その扱い方は、アメリカ語の〝ガクシャ〟の意義内容とほぼ同じなので、必然的に平成千七百年頃に〝学者論争〟が展開されることになる。

もし論争の現場に立ち会うことができるものなら、昭和時代の日本語〝学者〟には、そのような品格の卑《ひく》い〝俘虜や家畜〟などの意義内容は毛頭なかった、〝羨望と尊敬〟の義を内在した語彙だったと、昭和の語彙〝学者〟と、そのように呼称されていた人間たちの名誉のために、大声で叫ぶことにする。

『倭人伝』の「生口《シャンコウ》」は、(呉語)に内在していた根源的な〝発育した口《ひと》〟、または⑬義の〝成長した口《ひと》〟を指す語彙だったとして、それが「経済的価値が高い」わけだが、具体的にどのような人間像なのか、想像しようとしてイメージをかき立ててみても漠然としていて、とても実体像が浮かんでこない。そうのこうのしているうちに、「末盧國」から「伊都國」まで「東南」方向に貫通している道路沿いに、〝えびの市〟に隣接して〝大口市〟（鹿児島県域）があり、その音韻〝オオ・グチ〟が、「生口《なまぐち》」の（四）義訓み「生口《オソグチ》」と同音であることに気がついたのである。地名〝大口《オオグチ》〟の文字を、「生口《シャンコウ》」の意義内容風に解釈してみると、〝大キな口〟となり、〝大男〟が連想されてくる!!

その地名〝大口《オオグチ》〟が確認される「東南」方向の道路は、魏國人やヤマタイ国人たちが往来していた道であるから、それらに随行している「生口《シャンコウ》」も当然に足跡を残すはずのものだが……。そして日本訓み「生口《オフグチ》」と同音の〝大口《オオグチ》〟が現存しており、文字の変遷或は地名変遷の視点からいえば、

生口《シャンコウ》―生口《オフコウ》―大口《オオコウ》―大口《オオグチ》

の可能性が考えられ、とても偶然とは思えない。直感的ではあるが「生口《シャンコウ》」と〝大口〟は文字も似ているが、全く〝同じ物〟を指している風に見えて、ヤマタイ国人に随行している「生口《シャンコウ》」の気配が感じとれるのである。

〝同じ物〟かも分からない二つの言葉の意義内容――〝発育した口〟と〝大きな口〟――も一脈通じあっているわけだが、二つの意義が〝同じ物〟に対する内容だとすると、中国語「生口《シャンコウ》」の意義内容〝発育する〟の意味は、〝身体が大きく、発育する〟状態だと、具体性を帯びて理解されてくる。また「小口《シャオコウ》は之に半《なかば》す」と表現された『後漢書』の中の言葉「小口」の文字は、〝大口〟と比べられる比較語として理解され、当の〝大口〟の文字とその意義は「生口《シャンコウ》」が内在している、と考えることができる。これらの視点から、すなわち中国語「生口《シャンコウ》」または日本訓読み「生口《オフコウ》・生口《オフグチ》」とは、〝身体が大きく成長・発育した口〟のことで、簡単に言えば〝大男〟（または大女）を指していると考えられたのである。

それで「価値が高い」という〝大男〟を想像してみたのであるが、最初のイメージにあがったのが、〝ジャイアント馬場〟である。次に〝大口市〟に近い南の鹿児島で生まれて育った偉人〝西郷どん〟、次は出自が高千穂峯や山麓と関連している〝大国主命《おおくにぬしのみこと》〟で、集中的には〝角力とり〟たちを想い出していた。〝大男〟のイメージには、〝ジャイアント馬場〟がふさわしいが、その巨体はやはり〝角力とり〟の身体付きである。〝相撲〟の風習はチベットや蒙古にもあるらしいが、何たって日本が本場だ。独特な日本文化の一翼を担って、国技として定着しているのも意味ありげで、ことさら〝相撲〟の中国巡業は、倭「生口《オフグチ》」たちが中国へ渡来して去った、その行動の状態と似かよった仕草があり、「経済的価値が高い」という内容の、断片的な一要素が感じとれる。

そのように想像を重ねながら。さらに「東南」方向の道路を進んで行くと、「伊都國」を経て「奴國」に至るが、「奴國」国域の最南端〝末吉町〟の国境地帯に〝大人《おおひと》〟を祀る奇祭がある!!　〝弥《や》五《ご》郎《ろう》どん祭り〟というのだが、それと同様の〝大人《おおひと》〟の伝説と祭が、「奴國」国域・中央部に位する〝山《やま》之《の》口《くち》町〟（山之口町は、「奴國」から「東行……百里」に山越えする道路の、入り口に位置している）にも、さらに「奴國」から山越えして「不彌國」国域の、最南端〝飫《お》肥《び》町〟（地名〝飫肥〟は長官「多模」の痕跡、そこは〝フクチの浜〟の西方・内陸部の山ぎわに位置する）にも確認されるのである。

偶然であろうか……。いやとても偶然とは想えない!!　「末盧國」（八代）から日南海岸の「不彌國」まで、九州を「東南」方向に斜めに横断する道路、その道は景行天皇たちが熊襲征伐の折に通った道で、三世紀の「生口」たちも往来している。その道路沿いに、地名〝大口〟と奇祭〝弥五郎どん祭り〟が点在していて、それら三つの言葉、「生口《オフグチ》」・〝大《オオ》口《グチ》〟・〝大人《オオヒト》弥五郎どん祭り〟に共通しているのは、〝ジャイアント馬場〟のような〝大男〟のイメージである。何よりもその〝弥五郎どん〟だが『鹿児島県の歴史』が語られる時、〝弥五郎どん〟抜きでは『歴史』を理解することができないほど、重要な人物なのである。その伝説は漠然としていても、『歴史』の冒頭から登場し、それは熊襲や隼人との関連の中で、さらに〝相撲〟と〝西郷どん〟さえも、独特な構図の歴史性で絡んでいるので、その要点を『鹿児島県の歴史』（山川出版社）から抜粋してみる。
●古来、隼人は朝廷において相撲を天覧する例が古典にもしばしば見えているが、これは伝統的に相撲を好み、相撲の上手は社会的に大へん尊敬されたからである。たとえば幕末の調所《ずしょ》笑左衛門や西郷隆盛などは、そのよい例で、また横綱西の海を三代も出した。……西の〝隼人〟、東の〝蝦夷〟と古代史をにぎわせた反乱の民、武勇の〝蝦夷雑類〟が現代にもまだ生きているとも見えて、またおもしろい。
●熊襲の反乱はよほど手ごわいものであったらしく、景行天皇の親征の次には日本武尊により川上建《かわかみたける》の征伐が続き、更にまた仲哀天皇の親征と、再三の討伐がおこなわれた。
●熊襲は南九州の人に愛されている人気者である。日本武尊に殺された川上建は大人《おおひと》の〝弥五郎殿〟として、伝説や祭りの中で生きている。国分《こくぶ》地方の伝説によれば、景行天皇の御代、大人《おおひと》の隼人なるものの、容貌魁偉にして夜叉のごとく、隼人城と上井《うわい》城に拠って皇命に従わなかったので、景行天皇は日本武尊を副将として親征したまい、ついに拍子橋で討ちとった、〝弥五郎どん〟といわれる伝説の巨人は熊襲の酋長川上建のことだ、といっている。しかしこの話は、奈良時代（八世紀）の隼人反乱を、有名な日本武尊の西征に付会して伝説化したものであろう。なお、日向国南諸県《もろかた》郡末吉郷の岩川（鹿児島県噌唹《そお》郡大隅町）では、十一月五日に、電柱ぐらいの巨人弥五郎どんの人形（高さ四・八五メートル、一二五反の梅染の衣、腰に大小の刀を帯び、木車に乗って歩く）

をかついで八幡社の祭礼をおこなっているが、大変な人気である。このほかにも宮崎県北諸県郡山之口町の的野八幡、日南市飫肥の田上八幡でも同様の祭りがおこなわれ、大人〝弥五郎どん〟にかかわる伝説が大隈や日向南部には多い。

同じ道すじに点在している、偶然と想えない「生口《オフグチ》」・〝大口《オオグチ》〟〝大人《オオヒト》〟。文字も音韻も似ていて、内容的に〝大男〟のイメージが共通しており、何故か〝相撲〟が関連している風に見えている？　だが決定的に三つの単語を繋ぐ、〝何か〟が欠けているようだ。それは〝係数〟か、〝解読の鍵〟か、それとも〝媒介物〟なのか？　そろそろ暗礁に乗りあげて行き詰まったようだ。〝大男〟のイメージを摑んで、「生口」の実体にかなり接近している、と気配を感じたのだが、そうだと言い切れる決定的な〝物〟がない。三つの単語は全く関係が無いかもしれない、いや〝大男〟を示唆している同じ〝物〟にちがいない……、矛盾した二つの予想がストレスとなって、思考が制御されるのか、渾沌として前よりも余計に漠然と、正体の摑みどころがなくなってくる。自信を失って呆然と、〝フクチの浜〟で立ちつくし、「絶望的な想像」の日々に、あの愉快な漫才師に出会ったが、雑念から逃れるために見ないようにしていたテレビが、目の前に置かれていたのも、皮肉なもんだ。

「これだあー！「生口《シャンコウ》」と〝相撲の料理人〟の音韻が似ているッ」、それに〝チャンコ〟は当然に〝相撲〟と関連していて、それ故に、〝大男〟のイメージも内在した言葉だ。さらに〝チャンコ〟とは日本語の〝オッさん〟の意だと説明しているが、それは「生《シャン》」の日本訓み、「生《オッ》」さんとも似ているのである。「生口《シャンコウ》」と〝チャンコ〟・「生口《オッコウ》」と〝オッさん〟、そして〝相撲〟と〝大男〟の内容が纏わりついているが、これで条件が揃ってきたようだ。

　前の三つの語彙の背後に、何故か折にふれて〝相撲〟が見えかくれしていたが、その意味が分かりかけてきた。すなわち「社会的に尊敬される」〝相撲〟が、彼ら＝「生口《シャンコウ》」・「生口《チャンコ》」＝「生口《オフグチ》」・「生《オッ》」さん＝〝大口《オオグチ》〟〝大口《オオヒト》〟たちの特技（余技）なのではないか、その特技と同じ素質が、「経済的価値が高い」条件と表裏一体の体質だと考えられるのである。さらに後日、当のヤマタイ国（沖縄）へ行って分かったのであるが、そこでも〝怪力・剛力〟の〝大男と大女〟の伝説や伝承があり、それらは皆〝武技〟と関連しながら物語られている。そのヤマタイ国（沖縄）の〝大男と大女〟の状態から推測して、「生口《なまくち》」の素質や体質の基調となっている能力は、〝怪力・武技〟だと考えられ、その〝力・技〟練達錬磨の手段として、〝相撲〟が応用されているようだ。〝相撲〟が上手で「社会的に尊敬された」〝西郷どん〟が、日本初の陸軍大将であった事も、人気者の巨人〝弥五郎どん〟が腰に大小二刀を帯びている状態も皆、〝怪力〟イコール〝武技〟が尊重されていると理解できる。その沖縄〝大男〟の要素である〝怪力・武技〟も、「生口《なまくち》」である条件の一つだとすると、日本訓「生口《オフグチ》」に対する倭國側（ヤマタイ国人）の意識は、〝怪力大男の武人〟と見て尊敬し、魏國側はその〝素質〟を、私有できる「生口《シャンコウ》」として、「経済的に高い」評価を与えていることになる。

したがって、魏國へ渡来して去《い》った「生口《オフグチ》」たちは、倭國の支配者によって奴隷のように、強制連行されたのではなく、「生口《オフグチ》」自身が、自己の素質・能力が最もよく発揮できて、報酬や待遇が良いので、自己の意志でその渡来を希望しているはずであり、それとよく似た昭和時代の、アメリカあたりに頭脳流出して去った〝学者〟たちの、心理状態と同じ条件下にあると考えてみれば、理解し、納得できる。また、〝怪力大男の武技〟が中国側で利用されるので、戦争の場合には結果として〝俘虜・捕虜〟となるが、後の清代の人からその状態を見れば、「生口とは軍前生檎の人」と解釈することになる。なお、後代の人がそのように解釈する背景には、武器・武具の発達による戦闘方式の変遷が考えられ、相対的に〝怪力大男の武技〟の「価値」が低下していることを示唆して、そのために「生口《シャンコウ》」本来の〝身体が大きく成長・発育した口《ひと》〟の意義内容さえ見失われ、分からなくなった帰結として、そのように解釈していると想われる。

日本訓の「生口《オフグチ》」とは、呉語「生口《シャンコウ》」の〝身体が大きく成長・発育した口《ひと》〟のことで、それが「社会的・経済的」に高く評価されるのは、その能力〝怪力と武技〟だと考えられる。そのように——「生口《シャンコウ》」と〝相撲の料理人《チャンコ》〟の類似音が——示唆して、可能性を深めさせるので、さらにその〝怪力大男の武人〟なる者を、南九州や沖縄の〝大男〟たちを参考にして、もっと具体的に想像を進めてみるのだが、容貌が「魁偉にして夜叉の如く」という形容を、人為的に作りだすとすれば――（魁偉＝体格がとびはなれてたくましく、大きい。夜叉＝猛悪な鬼神。のち仏法に帰依して、仏法を守護した）――〝ジャイアント馬場〟がリング外で、血みどろな形相で本気に怒り狂いだせば、ほぼその形容に該当する雰囲気《イメージ》が再現できる……。

　ヤマタイ国人たちにはイレズミ風習もあるが、「朱丹を以って其の身体に塗る」と『倭人伝』が伝えているので、その風習どおりにリング外の荒れ狂っている〝大男〟の身体に、「丹《たん》」を以って「朱《あか》」く塗って見れば、その形相や風貌は正に、あの寺院・山門の両脇で仁王立ちの、御本尊の警護と参詣する老若男女の安泰に睨みをきかせている、身体を真っ赤に染めた〝大男〟（金剛力士《こんごうりきし》）と、全く同じ雰囲気を呈してくるのである。山門の両脇のその〝大男〟の役職名を〝金剛力士〟と曰うから、〝剛力の力士〟を想わせ、〝角力取り〟のことも〝力士〟と表現するので、内容的に二者は一脈通じ合っているわけだが、もし「丹《たん》」（鉛の酸化物で赤色の粉。中国で、不老不死の薬）を用いて身体を「朱《あかく》」塗った「生口《オフグチ》または生口《オフコウ》」の事を、その文字どおりに、「丹《ニ》・生口《オフコウ》」と呼んでいたものであれば、現在の呼称である〝仁王尊《ニオウさま》〟と、音韻が非常に似ていることが分かる。

「丹生《ニオフ》」と〝仁王《ニオウ》〟？　〝仁王《ニオウ》さま〟は仏教伝来と時を同じくして渡来した、後代のものだ。しかし、三世紀以前に海を渡った「丹・生口」たちが、その地、中国やチベット、あるいはインドに辿りつき、そこの山門の両側に立ちはだかって、身体を「朱丹」で真っ赤に染めて〝不老不死〟を誇りながら、さらに西域を越えて砂漠の国々まで渡りつき、そこの城門の両側で、〝極東的な風貌の怪力の巨人〟の雰囲気を前面にちらつかせながら、警護の任に使役されていたとすれば、後日仏教の伝来と共に、呼び名「丹・生口」が、〝仁王《ニオウ》尊《さま》〟と文字を遷えて、知ってか知らずか古巣の、発祥の地である倭國に逆輸入されてきたと解釈できる。もしそうなら、今でもすぐ寺院の山門で面会することができる、あの〝大男〟が、身体を真っ赤に染めた〝仁王さま〟こそ、「生口《なまくち》」の〝写《うつし》〟だと判断され、それは希望に燃えて海を渡った「生口《なまくち》」が、功成りて帰還した〝栄光の勇姿〟だと言える。

なお、ヤマタイ国の最重要拠点二カ所、すなわち女王の島〝平安座《ヘンザ》（島）〟には〝（兄）剛力大男と（妹）怪力大女〟の八太良伝説があり、また「邪馬壹国」国域の地理的なド真ん中に位置して、文字「邪馬壹《ヤマイチ》」からの変遷文字だと考えられる地名〝山内《ヤマチ》〟にも、その隣の村〝諸見里《もろみざと》〟にも各々武技にたけた〝怪力大男〟などの伝承（諸見里《ムルシジャト》・阿公《アコウ》伝）が残されているが、これらの伝説化された〝大男と大女〟は、その地点がヤマタイ国の最重要拠点である事情も考慮して、倭人伝・表記の「生口《なまくち》」と同質の〝者〟だと想われるのである。

更に、沖縄本島には他にも〝怪力大男〟の伝説があるが、「巨人」の内容の〝質・量〟共に最も明確に表現されているのは、本島の南へずっと離れた八重山群島の〝宮古島〟の

「巨人伝説」である。〝宮古島〟は『倭人伝』のヤマタイ連合国とは全く無関係で、地理的にも遠く離れている所だが、倭國より「魏國」へ渡った「生口《なまくち》」たちの中に、〝宮古島〟出身の者もいたとすれば、〝宮古島〟の「巨人伝説」は重要な資料「生口《なまくち》」に関する情報を提示しているのではないか。いや、その状況は寧ろ「生口」の源流は、沖縄本島のずっと南の海中に点在している島々にあることを示唆しているようだ。因みに〝宮古島〟は、『倭人伝』が表記している「侏儒國《しゅじゅこく》」＝（コビトのクニ）の近海に位置しているので、ヤマタイ国人たちはその島の存在を知っていた筈であり、それ故に沖縄本島と〝宮古島〟との交流の可能性も、当然考えられるのである。
また、「生口《なまくち》」を「生口《オフコウ》」と訓んでみると「大国主命《おおくにぬしのみこと》」の文字が「大国《オオクオ》・主命《ヌシメ》」とも読めるので、

……生口《オフコウ》―大口《オオコウ》―大国《オオクオ》―大国《おおくに》―

の変遷が考えられ、「大国主命」とは「生口」、「主命」のことなのではないか……？　そして、「主命」の音韻は、前に説明したヤマタイ国の第一功労者、「難升米《ヌシメ》」と酷似していることから、即ち「大国主命」とは「生口・難升米」である可能性が浮上してくるのである!!

何よりも、「大国主命」が〝大男〟であった確証を摑むことが先決だが――この追究は後日、ヤマタイ国の後の諸問題で検討する予定――もし、『主命《ヌシメ》』と「難升米《ヌシメ》」が同一人物であった場合、ヤマタイ国の「難升米」自身が「生口」だということになるのだが、そのことよりも「難升米」は「伊都國の官・爾支《ニキ》」と全く同じ時代の人物であるから「爾支」＝「ニニギノミコト」の末裔、神武天皇の東征以前に、〝出雲地方〟に先行している「大国主命《ヌシメ》」＝「難升米《ヌシメ》」の行動は、時間的には全く矛盾しない、妥当な状況である。さらに「難升米」＝「主命」はヤマタイ国きっての実力者であるが、家臣であるから「国々」の主権者となる資格がなく、後発の「神武」は「伊都國」の支配・主権者と考えていい「官・爾支」の、主権の継承者であるから、家臣「難升米」＝「主命《ヌシメ》」が先行して〝出雲国〟を建設していたとしても、後発ではあるが、主権の正統性を主張できる「神武」に、〝出雲国〟経営権の譲渡または大政奉還があって然るべきだと理解され、その歴史上の経緯が裏書きされるような、重要な状況を提示することが可能となる。たとえ同一人物でなかったとしても、出雲の「大国・主命」は、ヤマタイ国の実力者「生口《オアコウ》・難升米」の、かなり身近に居る人物だと、その類似音から予測しておくことができる。

一世紀の後漢時代から三世紀の『倭人伝』の時代にかけて、倭國から中国へ渡った「生《なま》口《くち》」の総数は、二百人以上であったと『後漢書』や『魏志倭人伝』に記録されている。ヤマタイ国＝沖縄から中国本土まで、ほとんど海中の船旅だが、動力船などない倭人伝・三世紀の頃、いかに海に馴れた海洋民族とはいえ、死を賭した航海であったと想像に難しくない。三世紀といえば中国大陸において、西と東を結ぶ古代・貿易路が開発されて久しく四〇〇〜五〇〇年経って『シルク・ロード』と表現される文化交流の真っ只中に居るはずなのだが、実際には国乱れて魏・蜀・呉の三国に分かれて、漢族・骨肉の争いが展開されている。「シルク・ロード＝絹の道」と呼んだのはドイツの地理学者だったそうだが、その音韻は艶しく、透明な夜空に輝く星のように、限りなく哀愁をこめてロマンチックに響きわたる。だが、今その〝ロード〟を歩いてみれば、万物が渇き切って骸骨が散乱し、熱さで目がくらんで妖霊がささやきかける〝地獄の道〟だったと、旅人たちが口を揃えて言う。ヤマタイ国（沖縄）から「魏國」への海路は正に、その地獄の「海のシルク・ロード」なのである。

海のシルク・ロード　瀚海・東路と南路
地理的条件（ヌ）ーA・B・C・D地区

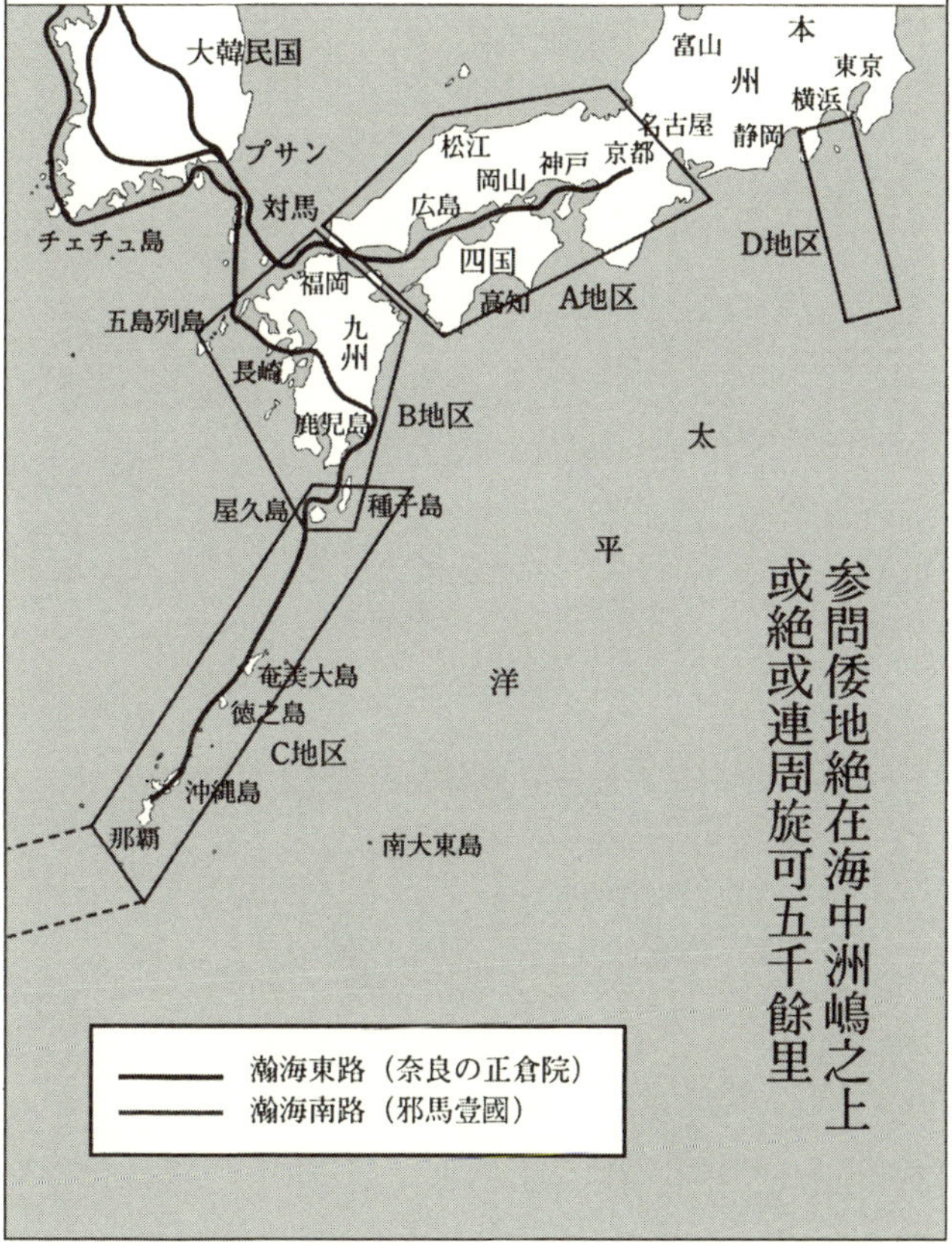

海のシルク・ロード

ジャイアンツ・ロード

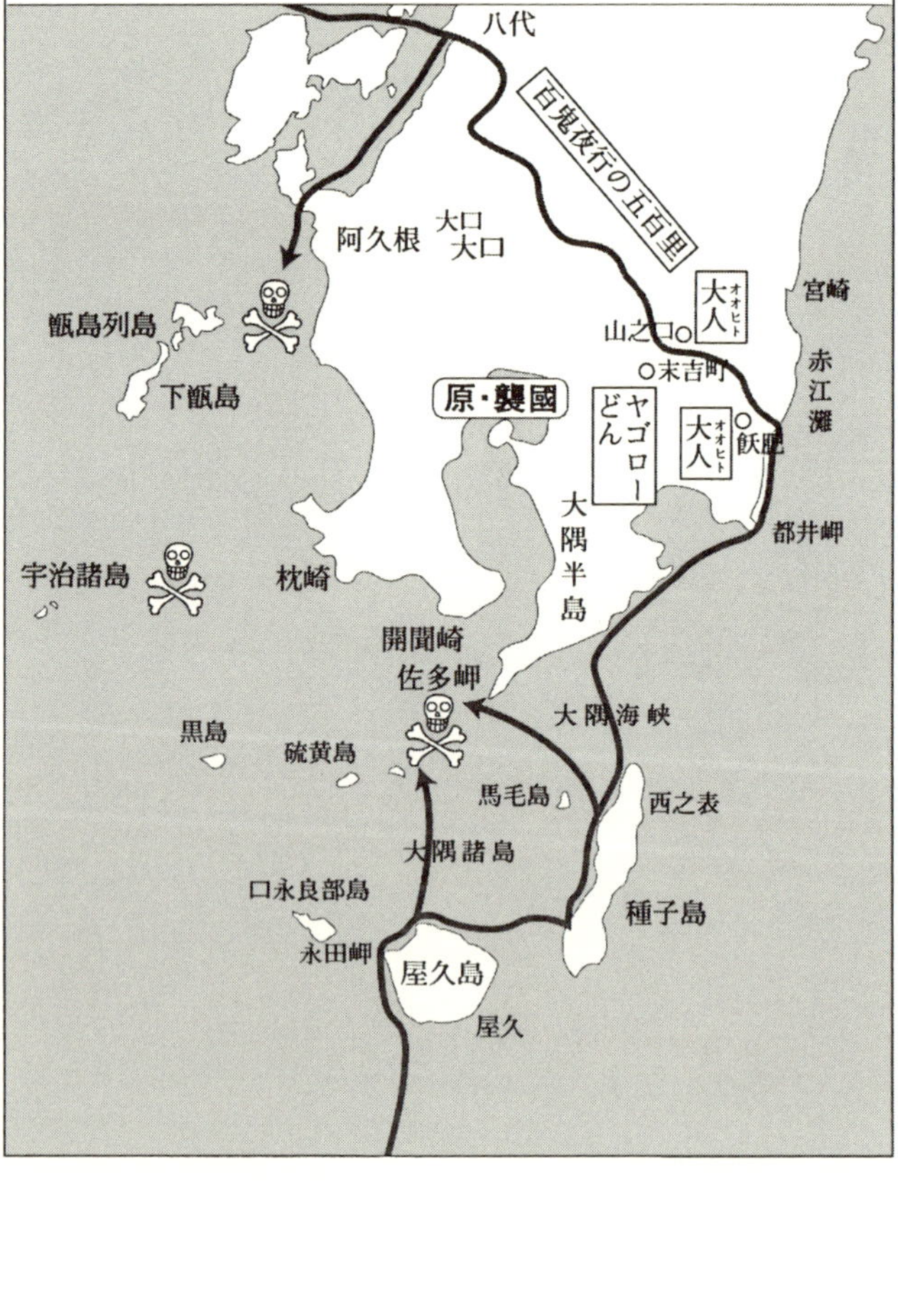

この章でのポイント

・現在、中国語の「生口」は死語となっている。また、『倭人伝』などの表記から、生口の意味を俘虜や捕虜とした場合、その文面の意味が他との整合性に欠ける。ということは、別の状態の口（ひと）を指す言葉である。
・90年ほど前に、学界で「生口論争」が展開され、生口のさまざまな説が提示されたが、「奴隷説」は無く、日本には古代より奴隷は存在しなかったといえる。
・多くの説のなかで、生口が女王・卑彌呼から贈物として献上されていることから、当然捕虜などではない。また、生口は倭國だけが献上しているが、その答礼の賜物がおびただしいものであった。それは生口が貴重な存在であったことを示唆している。
・それは、生口の経済的価値が高い、とみることができ、「特殊な状態の人間」としてみることができる。
・生口を中国・北京音で読むと「シャンコウ」で、日本訓みは、「生口」（なまくち）であるが、その意味は、発育あるいは成長した人という。
・同時に、生口は「オフグチ」と読め、大口「オオグチ」、大人「オオヒト」という文字と音韻が似ていることを、伊都國をはじめとする『倭人伝』の「邪馬台國」の路程のなかの地名と関連性のあることが分かった。

・その結果、生口は、自身が自己の素質・能力を最もよく発揮できるところへと、自己の意志で渡海していったものと確認された。その総数は二〇〇人以上であったと、『魏志倭人伝』に記録されている。

第5章

海の放浪者

「狗奴《クナ》國」＝大東島、
女王の国「邪馬台国」の東千餘里の
「倭種の國」、「狗奴國」とは？

●あらすじ●

いったい、「狗奴國」とは、どこに在るのだろうか？

「狗奴國」について、『魏志・倭人伝』は「女王國の東、海を渡る千餘里、復た國有り、皆倭種なり」とあり、一方『後漢書』は、『倭人伝』と同様の内容とともに、「女王に属せず」とあり、「狗奴國」の「狗」が「拘」と表記され、「拘奴國」となっている。

『後漢書』と『倭人伝』との時間差は、一九〇年であるが、その間の歴史に何があったのだろうか。「狗奴國」は、倭種であり、女王に属せずということも含め多くの疑問が残る國である。

さらに、女王卑彌呼の死後、壹與が王となるが、その表記は「壹與年十三」とあり、「13歳の壹與」なのか、あるいは「壹與年・十三《トミ》」とも読める。この解釈によっては、「狗奴國」と「邪馬台國」の関係性に大きな影響をもたらすことになる。

これらの疑問に加えて、日本古代の歴史書『古事記』に、「國稚く、浮きし脂の如くして、久羅下那州多陀用弊流之時（くらげのように漂っている時）」とあり、「狗奴國」が「倭種の國」であるという指摘との関連性もある。

同時に、この章のタイトルの表記にある通り、「狗奴國」を「海の放浪者」としたが、その意味することは何なのか？　興味深いところであると思われるが、「狗奴國」そのものが、疑問がつきない國であることは確かである。

さて、「狗奴國」の比定では、沖縄の「大東島」であるとしたが、この島はサンゴ礁との関わりが深い。いずれにしても、述べてきたさまざまな疑問に答えつつ検証し、詳述していく。

海の放浪者「狗奴国《クナ》」

「狗奴國」について、『倭人伝』の地理的条件とよく似た状況を、前史時代の正史『後漢書』の方も記録しているのだが、二書の言い分に差異があり、一見して混乱している風に見え、何よりもその二書の言う地点に「國《シマ》」などない？　当《まさ》に奇妙としか言いようのない状況なのである。

（魏志・倭人伝）

「女王國の東、海を渡る千餘里、復《ま》た國有り、皆倭種なり」

（後漢書）

「女王國の東、海を度る千餘里、拘奴《クナ》國に至る、皆倭種なりと雖《いえど》も、女王に屬せず」

「女王國の東」、すなわち〝沖縄島〟の東「千餘里」の地点に「國《シマ》」があるはずだ。コンパスで〝一五二キロ〟（千里に相当）を測り、女王の〝平安座島〟を基点にしてコンパスの指針が指すそのX地点を見ると、そこは大海原の真っ只中、島など無い……？　さらにコンパスを回転させると、すなわち、〝三〇四キロ〟地点の近くに〝北大東島と南大東島〟がある？　その地点は〝二千餘里〟に相当するわけだが、『倭人伝』の「里数」は非常に精密であるはずなのに、この地理的条件だけが、〝二千餘里〟を間違って〝千餘里〟

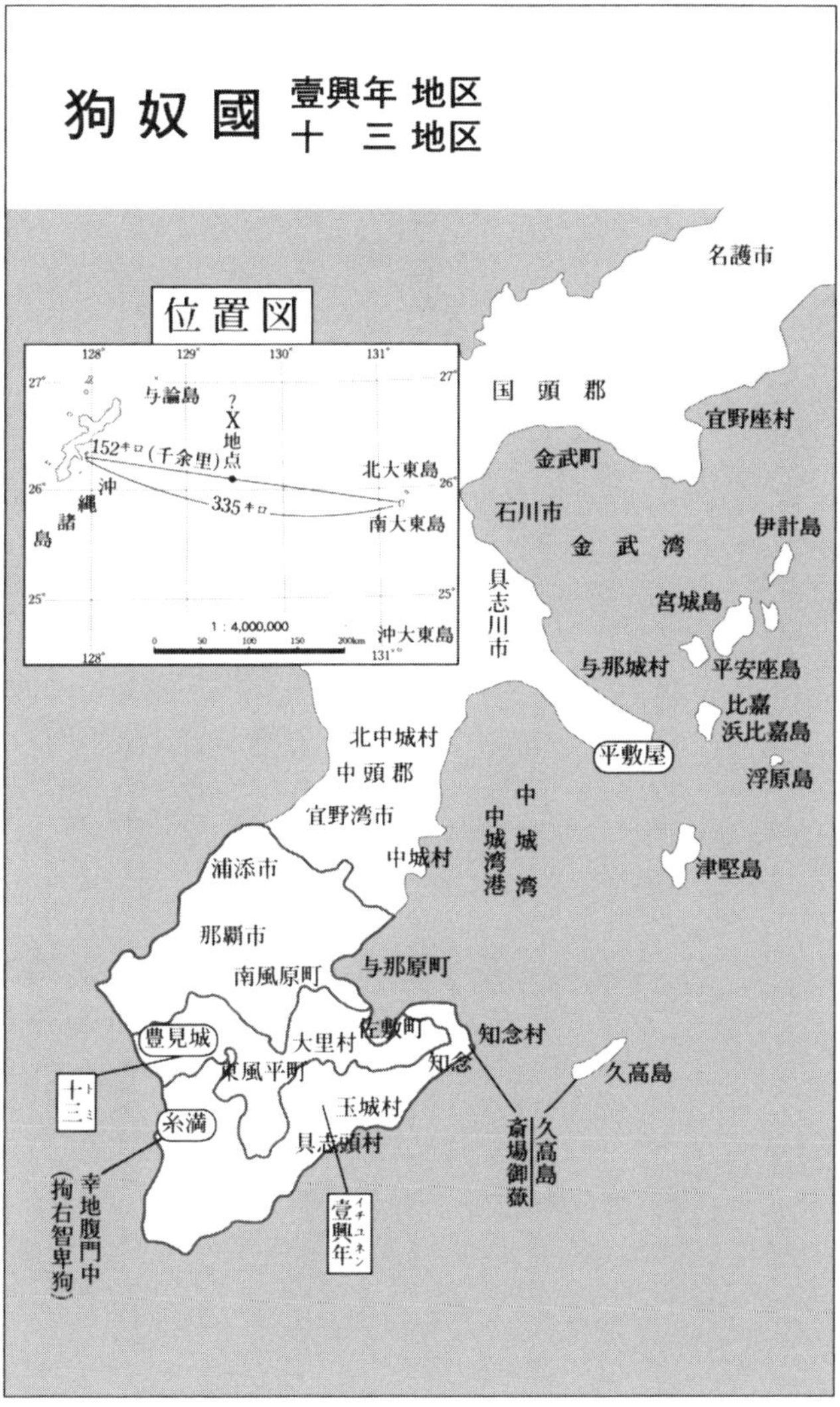

と表記されたとは考えられない。指針の指すX地点は〝平安座島〟と〝大東島〟のちょうど中間に位置しており、地図上で見ると、〝琉球海溝〟の外縁部に接する地点である。も

しかして、X地点にあった「國《シマ》」がその〝琉球海溝〟へズルズルと沈んでいったものか……。

『後漢書』の「拘奴國」は「女王國の東」の海上X地点にあるはずである。だが『倭人伝』はそのX地点にあるのは、国名のない「倭種の國」で、「狗奴國」は〝沖縄島〟中部・北部を国域とする「邪馬壹國」と戦闘状態であり、その諸々の状況や条件により、〝沖縄島〟の南部地区を示唆しているのである。そして、その南部地区は、後漢の頃には「師升《スイジョウ》」王が君臨する「極南界の奴《ナ》國」の国域に相当する地域と考えられるので、倭人伝「狗奴國」と後漢書「奴國」は全く同じ地域〝南部〟に重なって存在していることになる?

〝時間観念〟を曖昧にしてこの重なっている状況を見ると、『倭人伝』と『後漢書』の記述のどちらかに、誤りがあるように見えるはずだ。しかし、両書の内容には一九〇年の時間差があるので、その一九〇年の間に……後漢書の頃X地点にあった「拘奴國」が、南部の「奴國」に侵入し占拠して、倭人伝の頃には……頭文字の「拘」が「狗」に変遷した「狗奴國」となり、過去の「奴國」は「狗奴國」の内に閉じ込められて、状況が「詳かでない」と『倭人伝』が説明している「旁國《ぼうこく》の奴《ナ》國」に成り果てていると想像されてくる。

したがって、『倭人伝』の頃のX地点にあったはずの「倭種の國」とは、後漢時代の「拘奴國」の残留した人々を指して「倭種」と呼んでいると解釈できるので、それで両書の状況に矛盾もなく、誤りもないのだが、ただ、X地点に現在は何もないという不審な状況だけが残るわけである。

宗女「壹與年十三」

さらに女王の死後、「男王立てしも、國中服せず。……復た卑彌呼《ヒジャ》の宗女・壹與年十三なるを立てて王と為し、國中遂に定まる」と説明されて、最初の「男王」名の明記が無い。またその後の状況だと思われる『魏略』は「女・男子を王と為し……」と表現し、それにも「女・男子」の名前がない……？　それで、『倭人伝』の「男子…宗女」と、『魏略』の「女・男子」の表現に類似性があるので、そのことから前者の「男…女」と後者の「女…男」は同一人物である可能性が予想されるのである。とすると、後者の「男子」は「狗奴國」の人であるから、倭人伝「狗奴國の王・卑彌弓呼《ヒジキュア》」と同一人物だと考えられ、したがって『倭人伝』が名前を明記しなかった「男王」とは「狗奴國の男王・卑彌弓呼《ヒジキュア》」だと想像されることになる。

また、『倭人伝』の「宗女」と『魏略』の「女…子」が同一人物だと仮定してみると、実は「狗奴國」を実際に支配している高官「拘右智卑狗《コウチヒク》」の拠点、すなわちその末裔の「幸地《コウチ》腹門中」などが根拠地とする〝糸満《イトマン》〟の頭文字の〝糸《イト》〟が「宗女」の名前「壹與《イと》」

を示すのである。

「宗女」云々の原文は「宗女・壹與年十三」なので、一般に〝年《とし》十三（歳）の宗女・壹與《イヨ》または壹與《イと》と解釈して、それが正しいのである。――（與の漢音　呉音ヨ・アイ、北京音ユ、助詞の與《と》は日本訓）――だが、語尾の五文字を「壹與年《イとねん》・十三《トミ》」と読んでみると、「狗奴國」の国域＝南部地区・現地の状態、地名〝糸満〟と、それに隣接する地名〝豊見城《トミぐすく》〟が類似音を示している。沖縄では、古墳や古居住跡を〝ぐすく〟と呼び、それに漢字〝城〟が当てられているので、〝城《ぐすく》〟は普通名詞である。〝豊見城《トミぐすく》〟の場合は、地名固有名詞の〝豊見《トミ》〟と、名詞の〝城《ぐすく》〟が結合して、現在の地名〝豊見城〟に成っていると考えられるので、本来の地名は〝豊見《トミ》〟だと判断していい。

したがって現地の状態は、沖縄の「名島の制度や二村併称」方式で解釈してみると、〝糸満〟と隣接する〝豊見〟地域の支配者は、その主邑の名を連称して、それを家名とするわけだから、〝糸満豊見《イトマントミ》〟という名前となり、その音韻が倭人伝の「壹與年《イとねん》・十三《トミ》」と酷似するのである。さらに〝糸満《イトマン》〟の古音を『南島風土記』で調べてみると、土音（現地の人々の呼び方）は「イチュマン」または「イチマン」だという。すなわち『倭人伝』の漢字「與《と》」は、北京音の「ユ」で読んでいる可能性が考えられるので、「宗女」の名前は正しく「壹與年《イチユネン》・十三《トミ》」だと判断される。なお、語尾の「年《ネン》」が〝満《マン》〟に変遷する過程に二個の漢字M・L（ミッシング　リンク）が介入していると予想され、「宗女」名より現

〝地名〟までの変遷過程は、大体次のように想像される。

（M・L）「浧《ぬる》」漢音　デイ・ハン、呉音　ナイ・ベン　「蹣《よろめく》」漢音　ハン・バン、呉音　マン・バン（用字）「年《とし》」漢音　デイ・デン、呉音　ネン・ニャウ、「満《みつる》」漢音　バン・ボン　呉音　マン・モン

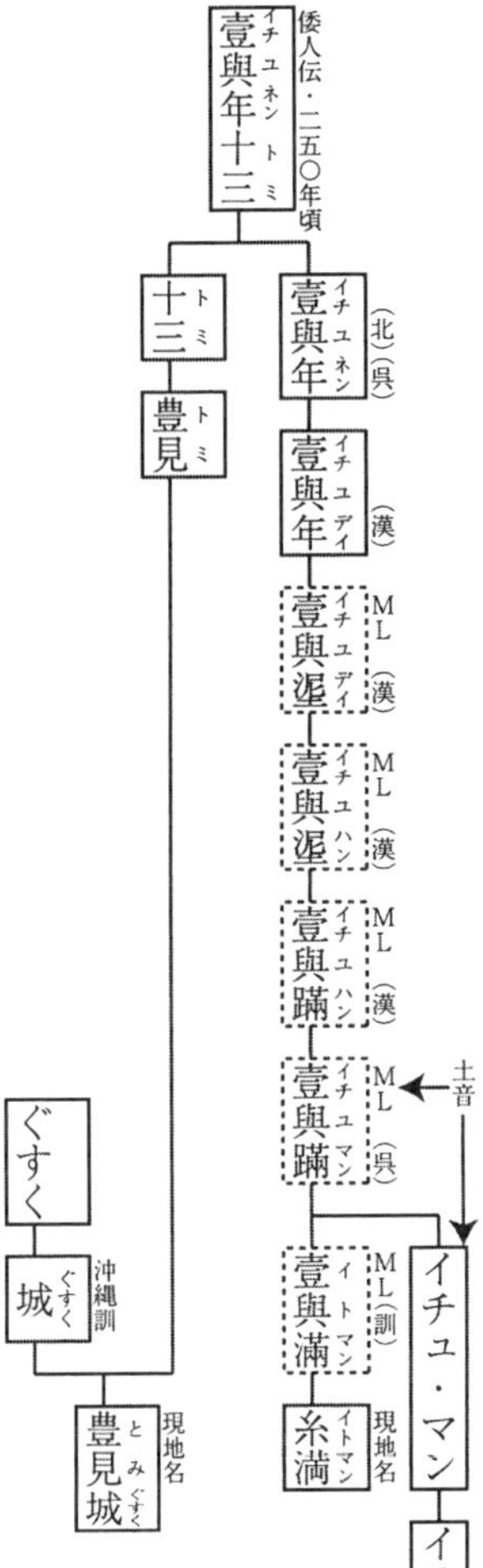

現地・南部地区の〝地名〟の状態により、「宗女」の名前は「二村併称」の「壹與年《イチユネン》・十三《トミ》」または「壹與年《イチユデイ》・十三《トミ》」だと判断されるが、『倭人伝』の著者〝陳寿〟は現地を見ていない……。〝陳寿〟が見たのは、『倭人伝』の原本となった資料の文字「壹與年十三」だけであるが、「宗女」の名前は頭文字の「壹與《イチユ》」だけで、後の三文字は「年十三（歳）」と解しているはずである。

したがって、〝陳寿〟は現場検証する手段がなかったので、事実誤認している可能性が大だといえる。また「二村併称」の名前であることを示唆する〝地名〟は南部地区の状態なので、「宗女・壹《イチ》與《ユ》年《ネン》・十《ト》三《ミ》」は「邪馬壹国」より優勢であった、南部を国域とする「狗奴國」から立っていることになる。なお、『倭人伝』は「卑彌呼の宗女……」と表現しているので、だから「卑彌呼の邪馬壹國」から立っているとはかぎらない。

次に説明する琉球王朝の「聞得《きこえ》大君《おおきみ》」（神女の最高官位）の制度を参考にして考えてみると、「国王や女王」は「国々」各々の単一国家の主権者であるが「宗女」は各「国々」を網羅して女性だけで組織された別系統の、宗教上の最高権者だと考えられので、倭人伝の頃は盟主「邪馬壹國」から立ち、女王が死んだ後の魏略の頃は優勢をほこる「狗奴國」から立ち、別の時代にはその頃の盟主、〝別の国〟から擁立されていて、それで普通の状態だといえる。

したがって「卑彌呼の宗女」とは、「卑彌呼」が最高権者となっていた宗教集団を指して、その「宗女」の意だと解釈される。

このように、X地点にあったはずの『後漢書』の「拘奴國」と、「邪馬壹国」に敵対する『倭人伝』の「狗奴國」と、「女王の南に在る」という『魏略』の「狗奴國」とを、各々の時間差に注意して追及してみれば、現地の〝地名や状況〟に矛盾がなく、十分に合致していると言える。だがX地点に「國《シマ》」が無い?「沖縄」島の過去に〝「國《シマ》」が沈んだ〟というような記述がないものかと、ことに「東」側海域にある島々に注意しながら歴史書などを調べてみた。〝「狗奴國」沈没〟……そんな都合のいい記録などはない。だが沖縄では「東《アガリ》」の方向が崇高な方位となっており、その崇高な「東《アガリ》」方に在る島々の中でも、特に南部地区に属する「久高島《くだかじま》」を神国と呼び、最重要視されていて、――（なお、女王や高官の平安座島を含む五つの島は無視されていて、それらの島の重大性に気づいているのは、平安座島の古老一人と島出身の知識人一人であった）――奄美大島では沖縄人のことを「クダカー」と呼んでいるので、神国「久高《クダカー》（島）」が何故か、過去に重大な役割を演じているような〝謎〟を秘めながら、その音韻「クダカー」が「狗奴國《クナクォー》」と似ている風に響き、さらに『古事記』の冒頭の用字「久羅下《クラカー》」も類似音を示しているのであるが?

（古事記・上巻、本文冒頭の文章）
原文：『次國稚如二浮脂一而、久羅下那州多陀用弊流之時、（流字以上十字以レ音）
訳文：『次に國稚《くにわか》く（Ａ）浮きし脂《あぶら》の如くして、（Ｂ）久羅下那州多陀用弊流《くらげなすただよへる》之時《とき》（流の字以上十字は音を以いよ）』
※（Ａ）…水上に浮かんだ脂（動物の脂肪）
※（Ｂ）…海月（くらげ）のように漂っている時

X地点は、大東島に？

ここまで、さまざまな類例を紹介してきたが、もはや追及の手段がなくなった。「千餘里」のX地点に何もない。しかし〝二千餘里〟の地点なら〝大東島《だいとう》〟がある？　その地点は精密な『倭人伝』の「千餘里」に該当しないので、全く期待がもてないのだが、念のために調べてみた。地図上で測ると〝大東島〟は、女王の〝平安座島〟の東〝三三五キロ〟地点にあり、「里数」に換算してみると〝二千二百里〟となる。土地では〝おおあがり〟と唱え、方音〝大東《ウファガリ》〟と呼んでいる三つの『サンゴ礁の島』、〝南、北、沖〟大東の三島から成り、明治以前まで無人島であった。
その概況をA資料として、『郷土資料事典』（人文社・初版昭和48年）より要点を抜粋してみる。また、B資料として、『南島風土記』の記録に手懸かりがないか調べてみることにした。

【A資料による大東島の島々】

● 南大東島…面積三〇・七平方キロ、明治一八年正式に日本領土となった。南北に長いほぼ円形の島で、四周の海外線は高さ一五〜三〇メートル、幅九〇メートルほどの断崖で囲まれ、砂浜もなく、港の適地もない。船の乗客や荷物はモッコで乗り降りする。島内はほぼ平坦な地形で、中央部に約三平方キロもある大池をはじめ、多数の池あり。南大東島は古くから〝ウフアガリ〟島として知られた無人島であったが、明治三二年に入植、開拓された。正に〝絶海の孤島〟を味わうには格好の島である。(別資料によれば、大東諸島は「サンゴ礁」が隆起したもので、隆起して真ん中のラグーン＝礁瑚が小さくなった環礁だといわれている)
●北大東島…面積一三・九〇平方キロ、南大東島の北西一二キロの洋上に在り、明治一八年正式に日本領土となった。東西に長く南北に短いほぼ三角形をなし、海岸線は高さ一〇メートルほどの断崖が続き、西港が凪の場合にかろうじて接岸できる。島の地勢・沿革もほぼ南大東島と同じで、島の開拓も明治三二年の入植に始まるが、それ以前は無人島であった。
●沖大東島…南大東島の南方の洋上に在る。島周四〜五キロの無人島である。行政的には北大東村に属し、普通は〝ラサ島〟と呼ばれているが、〝ラサ〟の意味は不明。
ここまで述べてきた、三つの『サンゴ礁の島』、〝南、北、沖〟大東の三島は、A資料によるものであった。

【B資料による大東島の島々】
さて、ところがB資料では、

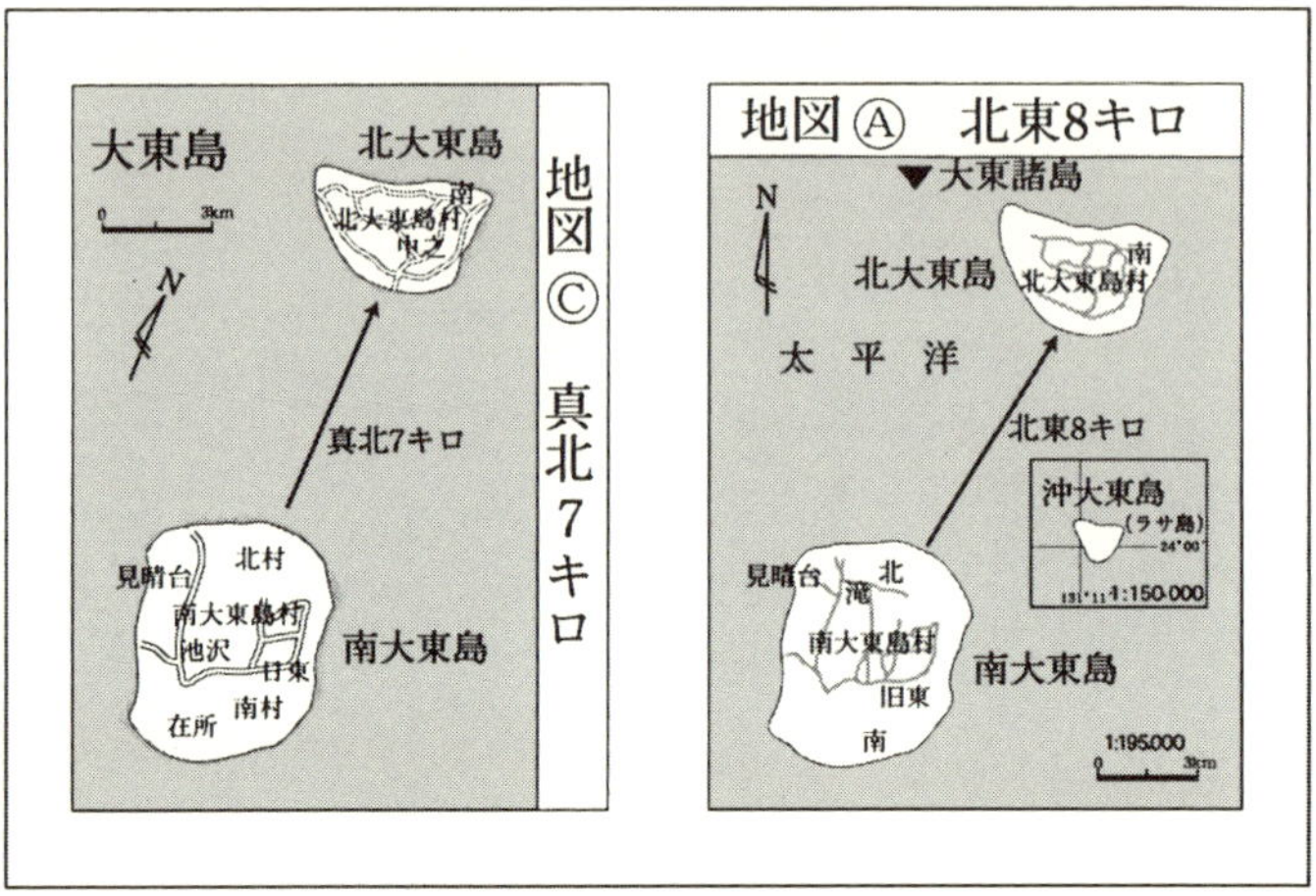

●南大東島の西岸略《ほぼ》中央の緯度は〝北緯二五度五〇分五六秒、東経一三一度一三分三三秒に位す、とある。
●北大東島は、南大東島の北北東約四浬、地形半円を為せる無人島であると、記載されていた。
【A資料とB資料、他資料を照合】

〝北大東島〟の位置が、A資料は〝南大東島の『北西一二キロ』というが、B資料は『北北東七・五キロ（四浬）だという……？ さらに、別のC資料（『ブルー・ガイドブックス・沖縄』記載の地図では、〝真北七キロ〟と位していた。すなわち地図AもCも、資料Bも皆、位置関係が異なっていたのである。

さらに、B資料には、

「沖大東島の南方約九十浬、島周一里餘。人居なし、湾首に一砂浜あり、此外此諸島中砂浜なしと云ふ。周囲岩礁を以て覆はれ波浪険悪なり。

水路誌云、此島は明治三十六年六月、時の沖縄県知事其属僚と共に汽船金沢丸に搭し視察せし事ありて、海図上には、北緯二四度二八分、東経一三一度二六分に載せあり、此の位置は一八七六年獨国軍艦ＨＥＲＩＨＡ艦長ＫＮＯＲＲの観測に係り、旧位置より東方に二〇浬に当たる。然るに一九〇〇年米国軍艦ＣＯＮＣＯＲＤは図載位置より西方一一浬にありと報告せり、此報告位置は前後両位置の平均に当たるが故に多分正確なるべし」と。

これは少し変だ……。奇妙でないか？　この時、ビリッと神経が張りつめて、これはッ……。島が、島が……動いているのではないか!!　そうに違いない。この島は「サンゴ礁の島」だ、サンゴ礁は地殻自体ではない。サンゴ礁の塊は、潮流や比重関係等の条件に依り、或は特殊な自然現象に影響されて移動しやすいと考えられるのではないか。仮に『古事記』の言葉を借りれば、「サンゴ礁」が「浮きし脂《あぶら》の如く」海中に浮かんで「久羅《グラ》・久《グ》羅《ラ》」と、或は「久羅下《くらげ》多陀用弊流《ただよへる》」状態で移動する情景が想像されてくる。すなわち、「サンゴ礁が動く」状態は、雲を摑むような渾沌とした諸々の状況を一挙に解決してしまう〝係数〟に該当するのではないか。

やったー。とうとう見つけたッ。これは〝係数〟にちがいない、〝係数〟なんだ!!

早速に国土地理院の二万五千分の一「沖大東島」の地図を入手し、調査を開始した。

「サンゴ礁の実態」の大凡が分かりかけてきた。『後漢書』によれば、紀元〇年の頃、女王の〝平安座島〟の東方「千餘里」＝約一六〇キロのX地点に「國《シマ》」があり、――それは多分「X島かY島」であるが（Y島は「拘奴國」という国名である可能性が強い島）――現在は三三五キロ地点に「X島」が三個に割れて、今も「久羅《グラ》・久羅《グラ》」と漂っている。すなわち約二〇〇〇年間に、X地点から東へ〝一七五キロ〟移動していることになる。

仮説と実測

〝大東諸島〟は、12個の「サンゴ礁の島」が存在し、その実態は謎であった。それは、「古いサンゴ礁＝琉球石灰岩」は間違いなく海底に沈んでしまうと予測できるからである。しかし、現在でも造礁しているような「稚《わか》いサンゴ礁」は、表面は固くとも内部は案外軟質で「フランスパン」のようだというし、あるいは「もともと石灰岩にはすきまが多い。これをつくるサンゴ虫、有孔虫、貝殻、石灰藻のどの材料をとってみても、生物骨格である以上、すきま、孔、空隙があたりまえ」だと説明しているのだが、そのような物なら、〝比重〟如何によって海中に〝浮く〟可能性が考えられるではないか！

要は〝比重の数値〟だけが重大である。海水の〝比重〟より若干軽ければ、水面すれすれに〝浮いて〟前後左右に移動が可能であり、若干重ければ、その〝一定数値〟は沈む限界を、すなわちある水深以下には沈まない条件となるのではないか。

実際に、沖縄の島々には津波で海岸に打ち上げられた岩――礁性・石灰岩だと考えられる――が多く確認されている。今（一九九一年当時）から二二〇年前（一七七一年）の八重山地震で空前の大津波が、八重山や宮古の島々を襲った。石垣島では大波が八〇メートル以上の高さの丘にはい上がり、重さ七五〇トンの岩を、海岸から一・五キロ、標高三〇メートルの地点まで運んでいる。

だが、それと比べて、「X島」最大の〝南大東島〟の直径は、平均して約〝六〇〇〇メートルで、高さは数十メートル～数百メートル〟か……。計り知れない厚さがある。このように大きさが極端になると、そのサンゴ礁の素材は海の生物の骨、炭酸カルシウムが主成分で、構造も稚い「礁性石灰岩」だとすれば、「フランスパン」のような状態と似ていると想像されるが、〝比重〟も同じだとは考えられない。図体が大きければ、雨水や海水が内部に浸透するのに時間がかかるし、その外表面が日光・雨水・海水などの化学変化により、固まってしまえば、内部の大部分が元のままの、軟質で粗雑な構造で変化がなく、さらに内部で発生しているかもしれないガス（炭酸ガス・水素ガスなど）も外部に逃げにくいはずだ。とすれば、図体が極端に大きい〝南大東島〟は〝比重〟が軽いと予測されるわけだが……実際は分からない。

その島の〝比重〟を計算するには、ボーリング調査が必要だが、時間と金が掛かりすぎる。大津波が打ち寄せる次の事件を待てばいいのだが、明日起こるのか、二百年後なのか、とても待てない。てばやい手段は、今でも「久羅《グラ》・久羅《グラ》」と一日に数センチも移動している状態を、測量により確認してみる方法だ。だが、その島は遠く、〝沖縄本島〟の「東《アガリ》」方、三百数十キロの遥かなる海原の果てに、南十字星の下にある……！

この章でのポイント

・「狗奴國」は、『倭人伝』や『後漢書』の記録にあるように、女王・卑彌呼の國の東千餘里にあるはずで、その存在を消してしまうというのは、サンゴ礁で造られた島であり、章見出しのように、「海の放浪者」として大海原を自由に漂っていたことが検証され、分かった。
・しかも、約二〇〇〇年という時を経て、『倭人伝』に遺る記録の3倍にあたる距離を回遊し、移動していた。「狗奴國」は、自然現象の潮流やサンゴ礁の持つ比重などによって動くが、そこには「係数」という、つまり一定数値によって、沈むこともなく漂う。
・それはまさに、『古事記』に、「國稚く、浮きし脂の如くして、久羅下那州多陀用弊流之時（くらげのように漂っている時）」と記録された内容を彷彿させるものである。また、日本の歴史にとっても、興味深いことであり、日本の古代国家というものを再発見させるものではないだろうか。
・これらのことから、「狗奴國」は、沖縄県の「大東島」であると比定されたが、卑彌呼の跡継ぎとして、女王となった壹與が「狗奴國」の人であったという比定は、「狗奴國」の存在感を大きく現すものといえよう。

・
いずれにしても、『倭人伝』や『後漢書』に記録された古代日本人の姿は、現代にも通じるものがあるように思えてならないのである。よく先祖代々というが、まさしくその通りなのであろう…。

エピローグ

邪馬台国、女王卑彌呼の比定にかけた想い

●あらすじ（要点）●

1、混乱、そして紛失
タイトルが似た『魏志』と『魏略』。倭國の状況を記した内容も似ているが、前者には「一大国」とあるものを、後者には「一支国」とあり、江戸時代以前の先人、学者たちは、「一支《イキ》国」が正しく、「一大《イター》国」は誤記だと判断、〝早とちり〟してしまった。

さらに、原本の『翰苑《かんえん》』が紛失し（その内に『魏略』が引用されている）――それから七百年経った大正六年（一九一七年）に再発見された。したがって、江戸時代の新井白石らは『魏略』全文を見ていないので、〝早とちり〟再検討の機会が失われていたと、善意に解釈できる。

2、〝物的証拠〟2件
「邪馬台国」の証明は〝地理的条件〟をベースとする〝状況証拠〟ばかりで心もとないが、決定的に証明力をもつ〝物的証拠〟を、2件提示する。

㋑物件、女王の〝百歩塚〟

㋺物件、「魏国城」を証明する石碑

『原本』紛失と〝物的証拠〟

混乱、そして紛失

原本『翰苑《かんえん》』は数奇な経過をたどり――（書写は平安初期の九世紀初頭だが、平安末期に紛失した。それから約七〇〇年経った大正六年（一九一七年）に天満宮で再発見されたが、大正十一年にまた紛失、戦後になって天満宮にもどった）――〝幻の史書〟といわれている。その内《なか》に『魏略』が引用されているので、過去に『魏略』という本があったと理解されているが、『魏略』自体は現存していない。

そこで、『魏略』全文の内に、「女王」の文字が2個、「王女」の文字は1個、「女国」も1個使用されているが、「邪馬台国」や「卑弥呼」の用字は皆無。したがって、「邪馬台国の女王・卑弥呼」のイメージが乏しく、むしろ――「卑弥呼」の死後、「宗女」（一門の女性）が共立されていて――「王女」や「女国」の用字は、その「宗女」の立場・地位のイメージに合っている。すなわち、『魏略』は、「女王・卑弥呼」が死んだ後の情勢を記録しているのではないか。

故に、『魏志』の時代は「一大国《イターー》」（五島《イタオ》）を経由していたが、『魏略』時代は「一支《イキ》国」（現・平戸島）経由で往来するようになっていたと推測される。

やがて、華やかだった南路＝ジャイアンツ・ロードも終盤に近づきつつ、終着駅が正倉院の東路が取って替わろうと、間近に迫っているのであろうか。

〝物的証拠〟２件

㋑女王の〝百歩塚〟

「卑弥呼」の墓を通説では、〝百歩塚〟と呼んでいる。直径が「百歩」＝約一二五メートルの大きな古墳を想像しているわけである。〝円墳〟なのか、沖縄特有の〝亀甲墓《きこうぼ》〟なのか？

沖縄の一般的な墓制は〝亀甲墓〟という形で、本土の古い型の「前方後円墳」と似ており、どちらもヘビ信仰と関連した〝形〟である。「卑弥呼」のそれは、「鬼道」と関連した〝形〟のはずだが、「鬼道」の思想内容＝イデオロギーがよく分からないので、〝形〟も想像しにくい。出たとこ勝負が本音だ。

場所の見当はついている。平安座の山頂のグスクという所、昔は男子禁制の掟があり、さらに奥に進み入ると見晴し台に出るが、その空間が、〝百歩塚〟構築の収容条件をクリアするので、地図上で図示することができる。それでも懸念が残る。

『魏志』の表記は漢字が詰めて並び、句読点がない。――「卑弥呼以死大作家徑百余歩徇葬者奴婢百余人」――さらに用字「徑《ケイ》」に義《いみ》が二つある。a義―サシワタシ、直径・b義―コミチ（けもの道程度）。a義「經《サシワタシ》」ならば〝百歩塚〟で妥当だが、b義―「径《コミチ》」なら〝百歩ミチ〟即そこに至るコミチが百歩の距離を指し、その「径《コミチ》」で「徇葬……」が行われたと説明していることになる。句読点がないので、〝お・り・ま・げ・て・く・び・に・か・け・る〟障害が発生しているのだ。

※（昭和五十年（一九七五年）に、平安座島を探索した。入口に石油会社の門があり、門前の空地に鉄柵を組んだオリ状の囲いがあり、中に人骨を詰め込んだ大形の骨壺が数十基積まれていた。「徇葬百余人」の骨かと閃いたが、不問にした。さらに門内に入り二、三十メートル先の右側のホラ穴に、女性用の〝朱塗りの駕籠〟が一台、それだけが無造作に保管されている。村人は〝この島に王朝の姫君がいた歴史など皆無なのに〟と不思議がっていた。「卑弥呼」の物なのか！　ホラ穴で千七百年の雨風に耐えられるのであろうか？それからまた五十年経ったが、保全が急務だ、何卒保全を希望したい!!）

㋺「魏國域」を証明する、『石碑』

沖縄市街地の北西半分は、古代の〝越来村《ごえく》〟であるが、その地区に「魏古城」が在ったらしい。『南島風土記』は「魏古城は越来域の事である」と記しており、「魏國《ギコク》」（北京昔）と「魏古《ギコ》」の類似音から推測して、「魏國」—「魏古」—〝越来〟の運キナ想定図が推測される。

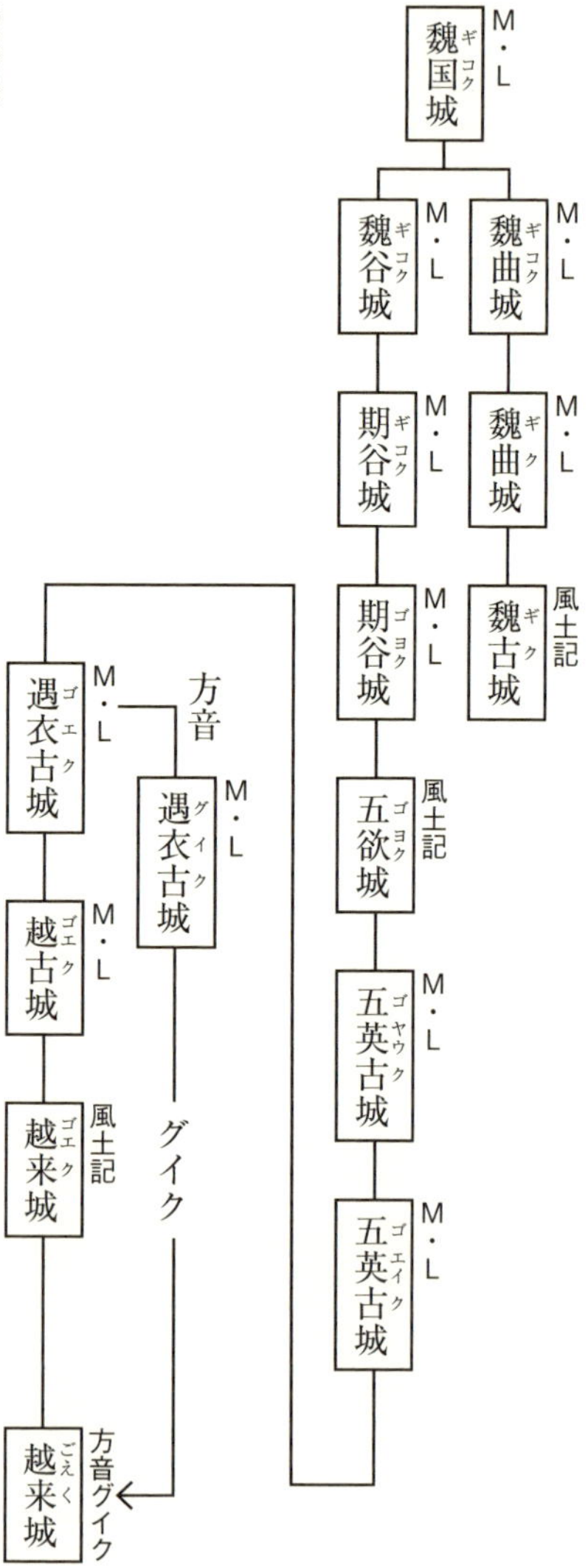

M・L《ミッシングリング》……見失われた文字

中頭部

面積國頭郡に亞ぎ、人口遙にこれを凌ぎ、却って島尻郡の上にあり、西原《にしはる》・浦添《うらそへ》・宜野湾《ぎのわん》・中城《なかぐすく》・北谷《ちゃたん》・読谷山《よんたんざ》・越來《ごえく》・美里《みさと》・具志川《ぐしかは》・与那城《よなぐすく》・勝連《かつれん》の十一村を管す。

越來村

中頭郡の中軸を爲し、讀谷山・北谷・中城・美里の間に在りて北は國頭郡恩納村と隣接してゐる。人口八千五百（昭和十年調）東隣の美里村と共に柑橘の産地として知られてゐる。

越來間切は、もと、與儀《よぎ》・比屋根《ひやこん》・大里《おほざと》・胡屋《こや》・中宗根《なかそね》・南海原《はへばる》（今越來字）・西原《にしばる》・上地《うへち》・大工廻《だくざく》・知花《ちばな》・池原《いけばる》・恩納《おんな》・楚南《そなん》・山城《やまぐすく》・伊覇《いは》・（今伊波に作る）嘉手苅《かでかる》（今嘉手苅に作る）・石川《いしかは》・高原《たかばる》・宮里《みやざと》・登川《のぼりがは》・赤崎《あかさき》・の廿一ヶ村を含んでゐたが、後、西原・知花・池原・與儀・比屋根・大里・恩納・楚南・山城・伊覇・嘉手苅・石川・高原・宮里・登川の十五ヶ村を美里間切に割き、諸見里を中城間切より、山内を北谷間切より入れ、安慶田、照屋・宇久田の三村を新設し、赤崎を〓し、現在胡屋・中宗根・越來・上地・大工廻・安慶田・照屋・宇久田・諸見里・山内の十字を以て越來村の所管とする。

越來は方音「グイク」、古へ嵬谷（元中八年〓〓代）・隗谷（慶永十一年武〓代）魏古（慶永三十四年尙巴志代）同上（慶仁元年尙徳代）・五欲（海東諸國紀尙金福代）に作り、地頭名は護得久に作る。景泰七年（慶正二年）九月廿三日撰文安國寺蔵銅鐘の銘に。

琉球國王、大世主庚寅慶生、茲量大慈願海、而新鑄洪鐘、寄捨魏古城、上祝萬歳之寶位、下濟三界之群生云々とある。魏古城も越來城の事である。

〝越来城《ごえく》〟は現存していないが、城跡に石碑だけが立っているという。その石碑が最も古い呼称の「魏國城《ギコク》」の存在を証明する！

現代、沖縄市街地に、〝越来〟の地名がある。千七百年前、そこに中国の軍隊「魏国城」が駐屯していた。最近までそこら辺を〝ゴザ市〟と呼んでいた所だが、今は米国の軍隊がとなり合わせに駐屯している。千年万年単位の時間帯では〝地理的条件〟がほとんど変わらないので、それに見合った同じ事案が繰り返される。それが〝宿命〟なのだ。そんな〝宿命〟を嫌ってか、九州や本州に黒潮を利用して移動が始まったようだ。小舟を漕いで海を行く作業は過酷で正に〝地獄の道〟なのである。移動できるのは男だけで、女性や子供は取り残される。その状態を家族構成の現象で捉えて『魏志』は、「国の大人は皆四、五婦、下戸もあるいは二、三婦」と表記する。いわゆる、〝過疎化現象〟をおこして〝一夫多妻制〟をとっているのである。大方の女は、その制度にも浴さなかったはずだ。取り残された女たちを束ねる「女王卑彌呼」の心中は、如何なものか。思い巡らして風の神が唄う、〝流れる雲の詩〟を聞いてみてはあー。

流れる雲の詩

作詩　田畑　実

一、風が吹く吹く　雲が流れる
流れる雲の　さい果ての
絶《た》えて連《つら》なる　古き島
悲しみ秘めた蒼海《そうかい》の
とび散る飛沫《しぶき》で　頬《ほほ》ぬらす
なみだか、汗か　海人《あまびと》よ
暑き夜には　風そよげ
風よ吹け吹け　雲が流れる

二、風が吹く吹く　雲が流れる
流れる雲の　消えて去く
南十字星《サザンクロス》が　見える島
栄華を刻《きざ》んだ　岩肌に
焔と燃える　赤い花
憎悪か、愛か、島人《しまびと》よ
眠れぬ夜には　風そよげ
風よ吹け吹け　雲が流れる

三、風が吹く吹く　雲が流れる
流れる雲の　尽《つ》く下の
七色彩《ひ》かる　珊瑚海
真珠を乗せた　黒潮の
ロマンに駆《か》られて　島伝《つと》う
残るか、去《ゆ》くか、舟人《ふなびと》よ
戸惑《とまど》う夜には　風そよげ
風よ吹け吹け　雲が流れる

著者プロフィール

田畑 実（たばた みのる）
昭和6（1931）年4月19日、高岡市で生まれる。孤高の古代史探索者。主に邪馬台国論、記紀（神話）、万葉集、考古（土偶ガマ説、直弧文・蛇文説を立てる）等、解読に取り組む。

ダイジェスト版　実録の邪馬台国

2017年1月15日　初版第1刷発行

著　者　田畑 実
発行者　瓜谷 綱延
発行所　株式会社文芸社
〒160-0022　東京都新宿区新宿1－10－1
電話　03-5369-3060（代表）
03-5369-2299（販売）

印刷所　株式会社フクイン

ISBN978-4-286-17715-1